Bettina Göschl • Klaus-Peter Wolf
Wilfried Gebhard

Piratenschiffe, Piratenschätze

Geschichten, Lieder, Wissenswertes

JUMBO

Inhalt

Geschichten

Lieder

Wissenswertes

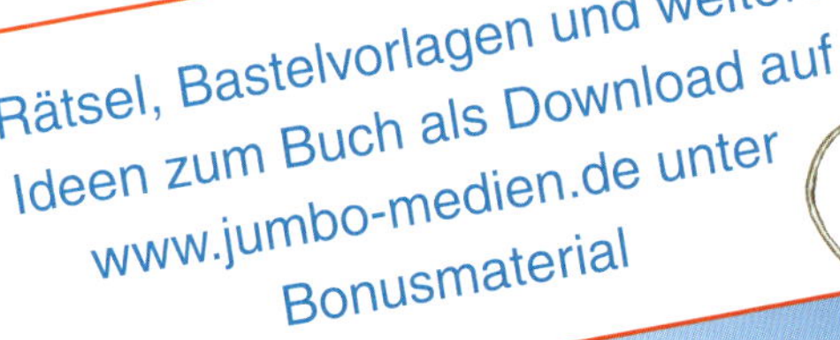

Bastelanleitungen & Spiele

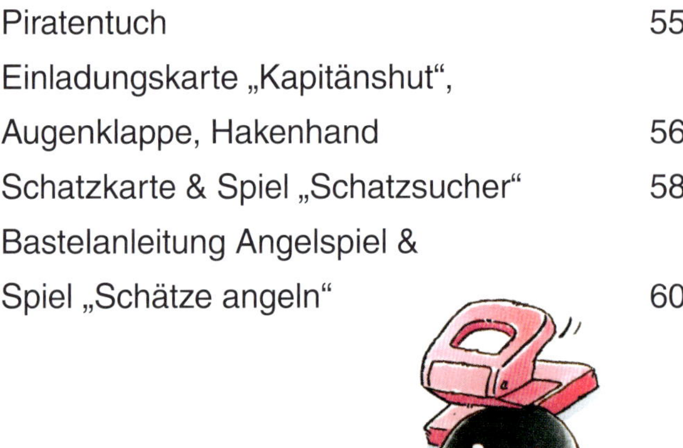

Rezepte

Herzlich willkommen ...

© JUMBO Verlag

… in der Welt der Seeräuber, Piratinnen und Riesenkraken!

Die Faszination für Piraten und Seeräuber ist nicht nur bei Kindern ungebrochen, Piratenfeste und Seeräubergeburtstage sind aus der kindlichen Erlebniswelt nicht wegzudenken. Auch die Literatur- und Filmgeschichte ist voll von romantischen Geschichten über Freibeuter und Schatz suchende Piraten. Doch trotz aller verklärter Piratenromantik wissen wir: Das Leben der Seeräuber war nicht nur schön und aufregend, sondern vielmehr sehr hart und unerbittlich. Was ist also das Faszinierende?

Mit Piraten verbinden wir Abenteuerlust, Freiheit, Stärke und Mut. Und welches Kind träumt nicht davon, mit einem Piratenschiff aufs Meer hinaus zu segeln, Seeluft zu schnuppern und auf einer einsamen Insel einen geheimnisvollen Schatz zu heben? Diese Abenteuer wecken die Sehnsucht, aus dem Alltag auszubrechen, wie ein Pirat Grenzen zu überschreiten, mal etwas völlig anderes zu tun. Wenn auch nur für ein paar Stunden. Das Eintauchen in die Welt der Seeräuber, sei es über das Piratenspiel im Alltag oder ein länger geplantes Seeräuberfest, können Sie sehr gut nutzen, damit Kinder sich in verschiedenen Bereichen, wie z. B. der Sprache, der Musikalität, des Vorstellungsvermögens, der Gedächtnisleistung und der Fingergeschicklichkeit positiv entwickeln und Zugang zu ihrer eigenen Fantasie bekommen.

Die Lieder, Geschichten, Basteltipps, Spielideen und Sachinformationen in diesem Buch sollen dabei helfen und natürlich viel Spaß bringen. Die Figuren Piraten-Jenny, Käpt'n Rotbart und der Junge Lukas bieten sowohl Mädchen als auch Jungen Identifikationsmöglichkeiten. Als Piratin oder Kapitän werden Kinder selbst aktiv und gestalten ihre Rolle, was zu mehr Mut und Selbstvertrauen führen kann. Je mehr Freude Kinder dabei haben und je wohler sie sich in einer Rolle fühlen, desto leichter gelingt ihnen das. Alle Lieder, Geschichten und Spielideen sind in Kindergärten, Schulen und Familien praxiserprobt. Ein ganz besonderer Dank fürs Ausprobieren der Bastelideen, Rezepte und Spiele geht an Rita Grendel und ihre Tochter Milena.

Also: Anker lichten und Leinen los!

Ahoi! Ihre

Käpt'n Rotbart greift ein

Es ist nicht immer ganz einfach mit meinem Papa, dem Piratenkapitän. Er versteht viele Dinge nicht. Jaja, ich weiß, er ist einer der gefürchtetsten Seeräuber der Sieben Weltmeere. Seine Mannschaft verehrt ihn. Der lange Hein und Pit Nase würden bestimmt alles für ihn tun. Was mein Papa an Bord sagt, ist Gesetz.

Aber hier sind wir nicht an Bord, sondern in einer kleinen Küstenstadt. Die heißt wie die Himmelsrichtung Norden. Es ist ein friedliches Nest in Ostfriesland. Hier hat mein Papa nichts zu sagen. Er gilt als Matrose auf Heimaturlaub. Mamas Lieblingssatz ist: „Du bist hier nicht auf der Kommandobrücke!"

Mama und Papa streiten sich nie. Er tut meistens, was sie sagt. Und das ist auch besser so.

„An Bord", sagt Mama, „führst du das Kommando. Hier zu Hause ich."

Seit mein kleiner Bruder Akim laufen kann, schnitzt mein Papa ihm alle paar Wochen ein Holzschwert. Papa stellt ihn auf den Tisch, kniet sich selbst davor und dann fechten die beiden. Stundenlang.

Mit mir hat Papa das genauso gemacht. Andere Kinder können als erstes „Mama" sagen, oder „Papa". Ich sagte als erstes: „Ert." Das „Schw" war noch zu schwer für mich. Wenn ich meinen Papa sah, rief ich immer: „Ert! Ert!"

Dann lachte er: „Ja, meine Jenny! Ich habe dir ein neues Schwert geschnitzt. Komm, lass uns kämpfen!"

Seit ich in der Schule bin, fechten wir nicht mehr so viel. Von der Schule und allem, was dazugehört, hat mein Papa keine Ahnung. Er kennt nicht einmal meine Lehrer. Zum Elternabend geht immer Mama. Papa ist ja meistens sowieso auf Kaperfahrt.

Heute ist ein total blöder Tag!

Alles geht schief. Unser Klassenlehrer Herr Mäuschen denkt, ich hätte abgeschrieben. Dabei stimmt das gar nicht. Nils hat abgeschrieben und zwar von mir. Nicht ich von ihm! Aber Herr Mäuschen glaubt mir nicht. Und statt mich zu wehren, fang ich blöde Kuh an zu heulen. Aber es ist auch einfach so ungerecht!
Und jetzt, als ich zu Hause davon erzähle, kommen mir schon wieder die Tränen.
Meine Mama liegt im Bett und trinkt Tee. Sie hat Grippe. Mein Papa wärmt ihr mit seinen großen Händen die Füße. Das ist gut gegen Grippe und böse Geister, sagt er.
Aber jetzt lässt er Mamas Füße los und schaut mich an. Er zieht mich auf seinen Schoß und tröstet mich.
„Hab ich das richtig verstanden?", fragt Papa. „Dieser Herr Schweinchen hat dich so traurig gemacht?"
Ich nicke. „Ja, Papa. Aber er heißt Mäuschen."
„Hm", brummt Papa. „Er hat meine Tochter ungerecht behandelt?"
„Ja, Papa, das hat er wirklich."
Mama hustet. „Heute ist Elternabend. Wenn ich nicht so krank wäre, würde ich deinem Herrn Mäuschen ganz schön den Kopf waschen."
Papa kratzt sich den Bart. Den muss ich unbedingt mal wieder kämmen. Darin feiern die Läuse schon eine Party.
„Kopf waschen? Meinst du nicht, ich sollte diesen Lehrer einfach den Haifischen zum Fraß vorwerfen?"
Mama und ich schütteln gleichzeitig den Kopf. „Nein! Das solltest du nicht tun!"
Ich sehe es meinem Papa an, jetzt denkt er nach. Er möchte so gern etwas richtig Schlaues sagen. Er fragt sich, was wir gerne hören würden. Tief in sich drin glaubt er nämlich, dass Mama und ich viel intelligenter sind als er.
„Ihr meint, ich soll nicht die Haie mit ihm füttern?"
Mama und ich nicken. Papa freut sich. Er hat die Lösung: „Ihr habt Recht. Ich werde ihn besser aufknüpfen. Und dann soll er zur

Abschreckung am Mast im Wind baumeln." Mama knirscht vor Zorn mit den Zähnen. Papa schaut erst sie an. Dann mich. Er liest es in unseren Gesichtern: Wir wollen das nicht. Papa zuckt mit den Schultern.
„Ja, soll ich ihm etwa einen Kuchen backen oder Pralinen kaufen?"
„Nein", stöhnt Mama. „Du sollst vernünftig mit ihm reden. Geh du zum Elternabend. Ich bin krank. Ich kann nicht."
Aber bald tut es Mama auch schon Leid, den Vorschlag gemacht zu haben. Papa ist kaum der richtige Typ für so einen Elternabend. Er passt auch nicht wirklich in den Frühgottesdienst. Bastelnachmittage im Kindergarten sind nicht sein Ding. Und Weihnachtsfeiern auch nicht.
Ich habe mal gehört, wie meine Oma meiner Mama ins Ohr geflüstert hat: „Du musst die Kinder erziehen. Dein Mann bringt ihnen nur Mist bei."
Aber das stimmt nicht ganz. Ich habe viele sinnvolle Sachen von Papa gelernt ... zum Beispiel ... Ja, gut, jetzt fällt mir gerade nichts ein ... Doch! Teufelsgeige spielen! Fechten. Löcher im Garten graben. Sich im Dunkeln bewegen, ohne irgendwo gegen zu laufen. Wenn ich es mir richtig überlege, habe ich eigentlich eine ganze Menge von ihm gelernt.
„Soso", sagt er jetzt. „Vernünftig mit ihm reden ... Ich kann es ja mal versuchen."
Mama ist erleichtert. Aber sie hebt drohend den Zeigefinger: „Vernünftig reden heißt nicht, dass du ihm den Arm auskugelst oder ihm den Hals verrenkst."
„Jaja, ich weiß. Jenny kann ja mitgehen und auf mich aufpassen."
Mein Papa findet das ganz normal. Ich muss oft auf ihn aufpassen. Wenn er für uns kocht zum Beispiel. Mein Papa macht zwar total leckere Rühreier mit Krabben und Zwiebeln, aber für uns vier Personen haut er spielend fünfundzwanzig Eier in die Pfanne, dabei würden vier oder fünf schon reichen.
Ich bin ein bisschen aufgeregt. Ich war noch nie auf einem Elternabend. Mein Bruder Akim will auch mit. Aber er muss bei Mama bleiben.
Papa hebt mich hoch und marschiert mit mir zur Schule. Ich kann eigentlich ganz gut selbst laufen. Aber Papa murmelt: „Der Herr Bärchen soll sehen, dass ich meine Kleine auf Händen trage. Ich werde sie immer beschützen und zu ihr halten. Auch wenn ich ihn nicht den Haifischen zum Fraß vorwerfe. Damit das klar ist."
„Ist klar, Papa. Aber er heißt Mäuschen. Nicht Schweinchen und auch nicht Bärchen."
Als Papa Herrn Mäuschen dann zum ersten Mal sieht, lacht er laut los: „Du schmales Handtuch hast meiner Tochter Unrecht getan? Wenn ich einmal tief Luft hole, hängst du unter meiner Nase. Du Landratte!"
„Wie? Was?", fragt Mäuschen. Er kann nicht glauben, was er da gehört hat.
„Das war ein Scherz", sage ich. „Haha! Mein Papa kann so komisch sein!"
Ich zwinkere Papa zu. Jetzt grinst er. „Ja. Genau. Ein Scherz. War der nicht witzig?"
Fröhlich klopft mein Papa Mäuschen auf die Schulter. Der knickt fast in den Knien ein und lächelt gequält: „Ja. Sehr komisch."
Papa flüstert mir zu: „Soll ich jetzt tun, was Mama gesagt hat? Also vernünftig mit ihm reden?"
„Meinetwegen. Aber du darfst ihn nicht hauen."
„Ja. Das habe ich mir gemerkt."
Aber vorher kommen noch andere Eltern. Ich bin ganz stolz, mit dabei zu sein. Außer mir ist

kein Kind da. Herr Mäuschen spricht zu Beginn ein paar Begrüßungsworte. Er sagt, es sei ungewöhnlich, dass ein Kind bei einem Elternabend mit dabei sei. Ich glaube damit will er andeuten, dass er es nicht gut findet. Doch solch zarte Anspielungen versteht kein Piratenkapitän. Mein Papa klatscht am Ende als Einziger ganz laut Beifall und brüllt: „Bravo! Gut gesprochen, Schäfchen! Sie ist eben eine ganz ungewöhnlich tolle Tochter! Meine Jenny! Ein wundervolles Mädchen! Komm, stell dich auf den Tisch! Zeig ihnen allen, wie man einen Schwerthieb pariert!"
„Nein, Papa, das werde ich nicht tun", murmele ich ihm zu.

Er streichelt mir über den Kopf und lächelt mich liebevoll an. „Na gut, mein Kind, dann eben nicht. Und du musst auch keine Angst haben. Ich tu deinem Lehrer bestimmt nichts."
Herr Mäuschen tut so, als ob nichts gewesen wäre und hält eine kurze Rede. Er sagt, dass die Kinder in unserer Klasse nicht immer brav wären.
Stolz wölbt mein Papa seine Brust. „Du bist auch nicht brav, stimmt doch, Jenny? Oder?"
Dazu sage ich lieber nichts. Herr Mäuschen spricht weiter. Aber etwas, das er sagt, macht meinen Papa ganz nervös.
Er rutscht auf seinem Stuhl hin und her, als sei die Sitzfläche heiß geworden.
Dann ruft mein Papa empört: „Aber das heißt ja – unsere Kinder sollen brav werden?!"
Herr Mäuschen guckt verwirrt. „Ja. Wir wollen brave Kinder erziehen."
Papa stampft zornig auf. „Ich sollte ihn doch den Haifischen ... ähm, na gut, lassen wir das. Aber ich will nicht, dass mein Kind brav wird!"
Mäuschen kriegt den Mund nicht mehr zu. „Nicht?", fragt er.
„Nein!", brüllt mein Papa. „Was soll das überhaupt bedeuten – brav? Wer brav ist, tut, was ihm gesagt wird."
Herr Mäuschen nickt mit offenem Mund.
„Das heißt also", schimpft mein Papa, „wenn die Soldaten der Königin rufen: ‚Ergebt euch!', soll meine Tochter dann sagen: ‚Na klar. Sofort. Mach ich doch!' Na?" Papa sieht sich im Raum um. Er wird angestarrt wie ein Gespenst.

Mein Papa schüttelt den Kopf: „Nein! Genau das soll Jenny nicht tun! Sie soll die Segel setzen und die Flaggen hissen und ihnen zeigen, wie echte Piraten segeln können!“ Mein Papa sieht mich an, als würde das alles gerade wirklich passieren. Als wäre ich tatsächlich in Gefahr, macht er mir Mut: „Hab keine Angst! Die kriegen dich nie, Jenny!“ Herr Mäuschen schluckt. Mein Papa hebt mich hoch. Er trägt mich zur Tür. Bevor er rausgeht, dreht er sich noch einmal zu meinem Lehrer um. „Sie sollen meiner Tochter Lesen beibringen. Und Schreiben. Und all diese tollen Sachen, die ich nicht kann. Aber wehe, ihr macht sie hier in der Schule zu brav. Dann kriegt ihr Ärger mit mir!“ Stumm gehen wir Hand in Hand nach Hause. Erst kurz vor unserer Haustür fragt Papa: „Na, wie war ich, Jenny?“ „Ganz gut für den Anfang“, sage ich und schmunzle. „Aber das mit dem ‚vernünftig miteinander reden‘, das müssen wir noch ein bisschen üben.“

Krakenalarm!

Mein Papa, der Piratenkapitän Rotbart, ist eigentlich nie zu Hause. Jeder kennt ihn. Er hat einen roten Bart, einen dicken Bauch und trägt einen Zopf. Mama sagt, er solle sich den Rauschebart abschneiden, weil der ein einziges Paradies für Flöhe sei. Sie hätten darin Nester gebaut. Aber das stimmt gar nicht. Mein Papa hat keine Flöhe. Es sind Läuse! Jawohl! Ich muss das schließlich wissen. Wer kämmt ihm denn immer den Bart, wenn er von der Kaperfahrt nach Hause kommt? Und ich flechte auch jedes Mal seinen verfilzten Zopf neu.

Ich glaube, eigentlich ist mein Papa wasserscheu. Wenn die Männer auf dem Meer sind, waschen sie sich nie. Sie schrubben die Planken zweimal am Tag mit Süßwasser. Das salzige Meerwasser und die Sonne würden das Holz sonst brüchig machen. Außerdem brauchen sie Süßwasser zum Trinken. Zum Waschen bleibt da nichts übrig.

Zähneputzen findet mein Papa sowieso blödsinnig. Er hat Angst, davon könnten die Zähne ausfallen. Er hat ständig Zahnschmerzen, obwohl er nur noch sechs Zähne im Mund hat. Vier oben und zwei unten.

Ich würde gern mal mit auf Kaperfahrt gehen. Aber Papa lässt mich nicht. Das Piratenleben ist immer gefährlicher geworden. Dort bei den Felsen, wo jedes Schiff vorbei muss, wenn es aus unserer Bucht hinaus aufs offene Meer will, lebt seit einiger Zeit ein Riesenkrake. Schon zweimal hat dieses Ungeheuer Papas Schiff angegriffen. Mit seinen Riesenarmen hat dieses Vieh es umklammert und die ganze Beute aus den Lagerräumen geholt. Angeblich sind seine Arme zwanzig Meter lang und haben tausende klebrige giftige Saugnäpfe. Wenn der

Krake einen damit berührt, brennt es wie Feuer auf der Haut.
Der dicke Knut und Leuchtglatze haben den Kraken mit eigenen Augen gesehen. Nur wegen diesem doofen Ungeheuer will Papa mich nicht mitnehmen. Ich bin noch nie auf einem Schiff aufs Meer hinausgefahren. Das ist doch peinlich für eine Piratentochter!
Ich stehe am Hafen und mein Papa winkt mir zu. Gleich wird sein Schiff wieder in See stechen. Es wird nur Proviant geladen. Kartoffeln, Äpfel, Sauerkraut, Rum und Trockenfleisch. Ich will mit meinem Papa hinaus aufs Meer und Abenteuer erleben. Ich möchte einen großen Schatz finden, gegen Ungeheuer kämpfen und unseren blöden König beklauen. Diesmal bleibe ich nicht hier! Also verstecke ich mich in einem Fass. Der lange Pit trägt mich an Bord. So lande ich im Lagerraum. Hier wird alles festgebunden, weil die Fässer sonst bei Wellengang hin und her fliegen würden.
Das Dumme ist: Pit stellt ein anderes Fass auf das, in dem ich hocke. Jetzt sitze ich hier fest. Aber es gibt zwei Astlöcher im Holz. Luft bekomme ich genug und ich kann sogar rausschauen. Aber meine erste Kaperfahrt habe ich mir anders vorgestellt. Lange kann ich hier nicht bleiben. Es schaukelt und ich habe Durst. Die Planken quietschen wie ängstliche Katzen. Ich sitze stundenlang hier. Mein Magen knurrt und mein Rücken tut weh. Da höre ich Schreie. Es ist die Stimme vom dicken Knut: „Der Krake! Der verfluchte Riesenkrake ist wieder da!“
Dann brüllt Leuchtglatze: „Bleibt, wo ihr seid, Männer! Kommt nicht an Deck! Das Vieh frisst auch Menschen!“
Ich höre grässliche Töne. Die Arme des Kraken müssen über das Schiff peitschen.

Ich traue mich kaum zu atmen.
Die Tür zum Lagerraum fliegt auf. Gleich wird die Bestie mich holen!
Direkt über mir ist die Kapitänskajüte. Mein Vater wirft sich gegen die Tür. Aber er kriegt sie nicht auf. Ich höre ihn fluchen. Jetzt schießt er durch die geschlossene Tür.
Dann kichert jemand ganz in meiner Nähe: „Der blöde Rotbart will kämpfen. Ein Glück, dass wir seine Tür zugebunden haben. Jetzt denkt er bestimmt, die Arme des Kraken würden die Tür umschlingen, der Trottel!“
Das ist Leuchtglatze. Ich erkenne seine Stimme genau. „Beeil dich, Knut! Lass die Wasserfässer stehen. Nimm nur die wertvollen Sachen. Das Sauerkraut. Das Gold. Und den Rum.“
Durch mein Guckloch sehe ich Leuchtglatze und den dicken Knut. Sie schleppen Fässer hoch. Knut brüllt: „Hilfe! Hau ab, du blödes Vieh! Na warte, du Stinkmonster!“
Leuchtglatze schießt in die Luft. Nach und nach räumen sie den Frachtraum leer. Dann hebt Leuchtglatze das Fass hoch, das direkt auf meinem steht. Ich stoße den Deckel weg, springe heraus und brülle: „Ihr gemeinen Kerle! Ihr wollt anständige Piraten sein? Ihr bestehlt meinen Vater!“
Leuchtglatze lässt vor Schreck das Rumfass los. Es fällt auf seinen Fuß und er jault vor Schmerz auf.
Ich renne an ihm vorbei nach oben an Deck. Papas Kajüte ist mit Tauen zugebunden. Ich packe zu und versuche, die Knoten zu lösen. „Schieß jetzt nicht durch die Tür, Papa!“, schreie ich. „Ich bin es, Jenny!“
Da steht der dicke Knut hinter mir. „Schnell, Jenny, versteck dich! Der Riesenkrake greift uns an!“, stammelt er.
„Ich bin zwar noch ein kleines Mädchen,

aber ich bin nicht bescheuert!“, brülle ich. Dann ziehe ich den Säbel aus Knuts Gürtel und durchtrenne damit die Taue.
Die Tür fliegt auf. Verwirrt stürmt mein Papa an Deck. „Jenny – wo kommst du denn her? Der Krake! Schnell, in meine Kajüte!“
Ich zeige auf die zerschnittenen Taue.
„Es gibt keinen Riesenkraken, Papa. Leuchtglatze und Knut haben den Kraken erfunden, um dich zu beklauen.“
Der dicke Knut fällt auf die Knie.
„Sie hat Recht, Kapitän. Ich bin gemein und doof. Es tut mir so Leid!“
„Mir auch!“, ruft Leuchtglatze von hinten.
Papa rennt auf die Kommandobrücke. Von dort kann er ein Schiff bei den großen Felsen sehen. Er weiß sofort Bescheid: „Das sind eure Komplizen. Sie haben immer bei den Felsen gewartet. Kein Krake.“
Die Übeltäter nicken.
„Unter Piraten gibt es dafür nur eine Strafe ...“, sagt mein Papa.
„Wir sind Haifischfutter“, weint Knut.
„Andererseits“, grummelt Papa, „wie stehe ich vor meinen Männern da ... Als Idiot. Wenn ich mich von euch richtig hinters Licht führen lasse … Aber du bist immer ein guter Steuermann gewesen, Knut. Wenn ihr zwei versprecht, so was nie wieder zu tun, dann gibt es eine Möglichkeit, wie wir alle aus der Geschichte gut herauskommen.“
„Alles, Kapitän! Wir tun alles für dich!“, verspricht Leuchtglatze, „Wir schrubben auch jeden Tag die Planken!“
Mein Papa nimmt mich auf die Schultern. Dann klatscht er in die Hände und ruft die Mannschaft an Deck: „Kommt aus euren Löchern, ihr Hasenfüße! Meine tapfere Tochter Jenny hat gegen den Riesenkraken gekämpft und ihn besiegt! Das Untier wird uns nie wieder belästigen!“
„Jenny lebe hoch!“, jubelt Knut. Dann stimmen alle Männer ein und feiern mich wie eine richtige Heldin.

Der Piratenangriff

So wahr ich Lukas heiße: Richtig war es nicht. Aber wir haben es trotzdem gemacht. Piraten lassen sich schließlich nicht vorschreiben, was sie zu tun haben. Sie tun es einfach. Einmal dachte ich kurz: Wenn dein Papa das sieht, dann flippt er total aus. Aber dann war es mir egal oder ich habe es vergessen.

Die Familienfeier lief auch ohne uns. Es war eine Silberhochzeit oder Goldhochzeit oder so. Dauernd hielt irgendjemand eine Rede. Wir Kinder sollten schön brav sein und spielen. Natürlich durften wir uns nicht dreckig machen, denn wir hatten extra feine Sachen an. Die Mädchen rosafarbene und weiße Rüschenkleider. Ich musste einen hellblauen Anzug mit Krawatte tragen. Max hatte sogar eine Fliege um.

Wir wählten Max zum Anführer, weil der meistens ganz gute Ideen hat.

Er rief: „Wir werden jetzt Piraten..." Dann rannte er raus aus dem Hotel, in dem die Familienfeier stattfand. Das Hotel hieß Seeblick. Es lag aber gar nicht an einem See. Hinter dem Haus gab es einen Spielplatz. Aber die Spielgeräte waren alt und rostig. Also gingen wir nicht dorthin, sondern bauten uns ein Schiff, um Piraten zu spielen. Erst wollten wir dafür die Plastikmöbel von der Terrasse nehmen, aber Max meinte: „Echte Piratenschiffe sind aus Holz!"

Also trugen wir zwei Tische aus dem Speisesaal nach draußen. Wir mussten die Beine gar nicht absägen. Die waren nur mit Flügelschrauben festgedreht. Die meisten Autos auf dem Parkplatz waren nicht abgeschlossen, also fanden wir genügend Abschleppseile, um die Tische und Stühle zu einem Piratenschiff zusammen zu binden. Aus ein paar weißen Tischdecken knoteten wir ein prächtiges Segel. Meine Krawatte wurde zum Stirnband und die Fliege von Max wurde eine prima Augenklappe. Meine Schwester Tina goss vor Aufregung

ihren Kakao über ihr Rüschenkleid. Sie fand das Kleid sowieso doof. Also nahmen wir es gleich als unsere Flagge und Tina wickelte sich in ein Tischtuch.
Ich blieb mit meinem Hosenbein an einem Nagel hängen und es riss ein. Jetzt sah ich schon viel mehr wie ein Pirat aus!
Der Wind frischte von Norden her auf und blähte unsere Segel auf. Der Himmel über uns war plötzlich schwarz. Es begann zu regnen. Ein richtiger Wolkenbruch war es.
Max rief: „Klasse! Wind, Wellen und Regen gehören dazu! Alle Mann an die Ruder!"
Der Wind zerrte am Hauptsegel. Es löste sich und flatterte Tina ins Gesicht. Die sah aus wie ein nasses Nachtgespenst. Sie begann mit den Armen zu rudern und wollte sich aus dem Segel befreien. Dabei verfing sich Tina immer mehr. Ich wollte ihr helfen, aber ich kam zu spät und sie ging leider über Bord – also das heißt, sie fiel in eine Pfütze.
Es blitzte und donnerte fast gleichzeitig.
„Die schießen auf uns! Das sind Schiffe der Königin! Feuert zurück, Leute! Gebt ihnen Saures!", kommandierte Max.
Wir griffen Sand und Blumenerde aus den Beeten und formten sie zu dicken Matschbällen, äh, also Kanonenkugeln. Wir befeuerten damit das Schiff der Königin.
Im Regen sah Papas Auto tatsächlich fast so aus. Ich landete einen Treffer direkt auf der Windschutzscheibe.
Ein Schrei zerfetzte die Luft. Aber es war nicht Käptn Hook. Es war mein Opa. Er schrie: „Was soll das?"
Da sah ich die Erwachsenen aus der Gaststätte kommen.
„Wir wollten Piraten spielen!", rief Max. „Piraten brauchen ein Schiff."
Mehr fiel ihm nicht zu unserer Verteidigung ein.
Papa sah blass aus. Er fragte: „Was macht ihr mit meinem Auto?"
„Wir wollten das nicht", sagte Tina. „Die Fantasie ist mit uns durchgegangen."
Dann begannen wir kleinlaut, das Piratenschiff wieder zu zerlegen. Es war gar nicht so leicht, schließlich hatten wir echte Seemannsknoten geknüpft.
Das von uns allen erwartete Donnerwetter blieb aus. Später, als wir schon längst zu Hause waren und ich im Bett lag, kam Papa, um mir gute Nacht zu sagen. Er wirkte nachdenklich und sah ein bisschen traurig aus.
„Bist du noch sauer auf mich?" fragte ich.
Papa schüttelte den Kopf. „Nein, natürlich nicht. Du kannst mir ja morgen beim Autowaschen helfen. Das mit den Tischen und Decken habe ich geregelt. Der Wirt hat selbst Kinder. Er hatte Verständnis."
Ich kuschelte mich an meinen Papa.
„Meinst du", fragte er trübselig, „ich hätte als kleiner Junge davon geträumt, Abteilungsleiter im Finanzamt zu werden?"

Ich schüttelte den Kopf. „Natürlich nicht. Kein kleiner Junge will so etwas."
„Ich wollte Pirat werden", sagte Papa träumerisch. „Genau wie du. Die Weltmeere wollte ich unsicher machen. Gegen Riesenkraken kämpfen und schöne Frauen retten. Aber statt Beute zu machen, bekomme ich nun Gehalt. Und anstelle von Seeungeheuern muss ich mich jeden Tag mit Formularen rumärgern."

Ich wollte ihn trösten: „Aber bald hast du doch Urlaub."
„Ja, und dann fahren wir ans Meer und bauen uns ein richtiges Piratenschiff. Und vielleicht kämpfen wir sogar gegen Riesenkraken und retten schöne Frauen."
Mit diesem Gedanken schliefen wir Arm in Arm ein. Später kam Mama herein und deckte uns zu.

Flut

Da freue ich, Lukas, mich das ganze Jahr auf den Sommerurlaub am Meer und dann, als ich endlich ankomme, ist das Meer weg. Ebbe! Von wegen ein schneller Kopfsprung in die Fluten, Wellenreiten und Tauchen. Max würde am liebsten gleich wieder nach Hause fahren. Meine Schwester Tina ist sowieso nur mitgekommen, weil sie muss. Sie hasst Ferienwohnungen, weil da immer die Spülmaschine kaputt ist und alles mit der Hand gespült werden muss. Aber diesmal muss sie sich keine Sorgen machen. Wir wohnen nämlich in einem Hotel mit Halbpension. Das hat viele Vorteile. Wir müssen unser Zimmer nicht selber aufräumen, die Betten nicht machen und auch nicht Staub saugen. Das passiert alles wie von selbst, während wir frühstücken. Danach muss niemand den Tisch abräumen und erst recht nicht Geschirr spülen.

Abends von 18 bis 20 Uhr gibt es Abendessen mit großem Salatbüffet und so. Mama findet das super. Sie will im Urlaub „mal so richtig faul sein und sich verwöhnen lassen“. Aber ich will eigentlich Abenteuer erleben. Max auch.

Papa sieht uns die Enttäuschung an.

„Was ist los, Jungs?“

„Ach, hier ist es doof. Du hast doch gesagt, wir wollen uns ein Piratenschiff bauen. Und gegen Riesenkraken kämpfen und Schätze suchen und so...“

Papa beruhigt uns: „Das werden wir auch. Das Meer kommt wieder. Jetzt ist Ebbe. Nach der Ebbe kommt die Flut.“

Papa hat sogar einen kleinen Kalender. Da steht alles drin: „Heute um 21 Uhr ist Hochwasser“, liest er vor.

„Na super“, mault Max. „Dann können wir also nachts schwimmen gehen. Und tags-

über ist dann wieder Ebbe, stimmt's?"
Papa nickt. „Ebbe und Flut wechseln sich ungefähr alle sechs Stunden ab."
„Na bitte!" stöhnt Tina. „Ich wollte sowieso nicht an die Nordsee."
Papa versucht, sich die gute Laune nicht verderben zu lassen. Der Familienurlaub ist nämlich etwas ganz Besonderes. Mama will immer, dass alle mitfahren. Auch Opa und Onkel Heinz. Und dann sollen sich alle gut verstehen und Spaß miteinander haben. Das ist nicht immer ganz einfach. Besonders jetzt nicht, weil das Meer weg ist. Max will wieder der Bestimmer sein, wie immer.
„Dann lasst uns wenigstens eine Sandburg bauen."
Tina ist sofort mit dabei. Sie beginnt, Muscheln zu suchen. Damit sollen die Türme geschmückt werden. Tina muss immer alles schmücken.

Mama legt sich in den Sand und will schön braun werden. Opa regt sich über die Strandkorbpreise auf und Onkel Heinz freut sich schon auf das Abendessen, obwohl es gerade erst 15 Uhr ist.
Tina findet nicht nur Muscheln, sondern auch eine Piratenfahne. Sie ist dreckig und zerfetzt, aber so wirkt sie besonders schön.
Sofort ruft Max: „Männer! Wir bauen keine Sandburg! Wir sind Piraten! Wir brauchen ein Schiff!"
Zunächst buddeln wir mit den Händen im Sand. Das Schiff soll so groß werden, dass wir hineinpassen. Mit einer Kajüte, einem Segelmast, und Tina will vorne am Bug eine Galionsfigur anbringen. Eine Meerjungfrau mit einem glitzernden Schwanz aus Perlmutt.
Wir häufen einen Berg Sand auf, so groß wie eine Düne.

Dann beginnen Papa, Max und ich, daraus den Bug zu formen. Zwei Mädchen stehen plötzlich bei uns und fragen, ob sie mitmachen dürfen. Sie heißen Laura und Leonie Wunder und sind wohl schon länger an der Nordsee, denn sie haben sonnengebleichte blonde Haare und sind ziemlich braun. Sie sind Zwillinge. Das sieht jeder. Sie bringen Schaufeln mit. Damit geht alles schneller.
Ihre Mutter kommt herüber und will auch mithelfen. Sie hat einen himmelblauen Bikini an. Plötzlich ist Mama da und will auch nicht mehr faul in der Sonne liegen. Angeblich fand sie Piratenschiffe schon immer gut.
Wir befeuchten den Sand, dann hält er besser. Opa besorgt uns Eimer, damit können wir die Kanonen besser formen. Onkel Heinz baut eine Kajüte, die so groß ist, dass ich reinpasse. Aber leider stürzt sie ein. Wir brauchen ein paar Bretter, um das Dach zu stabilisieren.
Onkel Heinz verteilt zur Stärkung Kekse. Inzwischen weht die Fahne schon auf unserem Schiff. Strandspaziergänger bleiben stehen und lassen sich mit dem Piratenschiff fotografieren.
Auch ein paar Möwen sehen uns zu. Eine ganz mutige hüpft heran und klaut ein paar Kekse von Onkel Heinz. Dann flattert sie hoch auf den Bug und hält von dort Ausschau. Wir sind ganz stolz. Die Möwe findet unser Sandschiff gut und kackt prompt auf die Galionsfigur.
Gerade beginnt der Familienurlaub so richtig Spaß zu machen, aber da ruft Max: „So ein Mist! Die Flut kommt!"
Es stimmt, das Meer kommt näher! Langsam, aber unaufhaltsam.
„Heißt das, die Wellen werden unsere ganze Arbeit zerstören?" fragt Tina.
Opa nickt. „Ja, wenn wir vom Essen zurückkommen, wird wohl nichts mehr von unserem Schiff da sein."
„Niemals!", schreit Max und kommandiert gleich: „Wir bauen Dämme. Verstärkt das Vorschiff!"
Papa sieht mich an. Ich nicke ihm zu. Wir greifen uns die Schaufeln und packen so viel Sand vor den Schiffsbug wie wir können. Mama und Frau Wunder heben mit den Zwillingen einen Graben aus, damit das Wasser abläuft und die volle Wucht der Wellen das Schiff nicht trifft.
„Das hat doch alles keinen Zweck", sagt Opa. „Gleich gibt es Essen. Wir müssen uns noch waschen und umziehen und ..."
„Du glaubst doch nicht, dass ich jetzt hier weggehe?", faucht Onkel Heinz. „Ein Kapitän verlässt das sinkende Schiff nicht!"
„Ja aber ... wir haben doch Halbpension. Ich meine, das Essen ist schon bezahlt und wenn wir nicht pünktlich da sind, dann ..."
„Nein!", sagt Max bestimmt. „Wir brauchen hier jeden Mann."
Laura stellt fest, dass sie zwar kein Mann ist, aber auch gebraucht wird und auf keinen Fall essen gehen will. Frau Wunder zupft sich den blauen Bikini zurecht und sagt: „Ich wollte sowieso abnehmen."
Mama schaut sich Frau Wunder an. Die ist gar nicht dick. Im Gegenteil.
Dann nickt Mama: „Also ich brauche auch kein Abendessen. Im Urlaub nehme ich auch immer zu. Das macht die Ruhe."
Inzwischen ist der Graben vollgelaufen und die ersten Wellen lecken an unserem Bug. Ein paar Meter von uns entfernt steht eine ganze Menschentraube und feuert uns an: „Schneller!" – „Da hinten bricht alles ein!" Schon ist Opa da und klopft den Sand fest.

Papa hilft ihm. „Ich denke, du wolltest essen gehen?“, fragt er.
„Ich lasse doch meine Familie nicht im Stich!“, antwortet Opa entrüstet.
Max und ich stehen im Boot und schaufeln das Wasser mit Eimern hinaus. Es sickert durch den Sand herein. Max steht vorne an der Reling und brüllt das Meer an: „Ja, komm nur! Du kriegst uns nicht klein!“
Tina klopft die Galionsfigur wieder fest. Hinter unserem Schiff schlagen die Wellen an den Strand. Unser Heck stürzt ein. Wir versuchen, es neu zu bauen, aber der Sand ist zu nass. Wir arbeiten immer schneller. Jetzt ragt nur noch unser Bug hoch in die Luft und die Piratenflagge flattert im Wind. Der Rest des Schiffes ist nur noch ein Sandhaufen im Meer.
Wir kämpfen noch fast eine Stunde. Dann hat das Meer gesiegt.
Das Abendessen ist längst vorbei. Mir tut der Rücken weh vom vielen Bücken. Tina hat einen Sonnenbrand auf den Schultern und Max schmiedet Pläne, wie wir beim nächsten Mal eine bessere Verteidigungslinie aufbauen können.
Ich bekomme einen Bärenhunger. Papa auch. Mama angeblich nicht, aber ich höre ihren Magen knurren. Dann gibt Opa an der Fischbude ein paar Krabbenbrötchen aus.
Ich habe das Gefühl, dieser Urlaub könnte so richtig klasse werden. Ein echter Piratenfamilienurlaub.

Die geraubte Königskrone

Bestimmt habt ihr gehört, dass unser König ein Blödmann ist. Das stimmt nicht ganz. In Wirklichkeit ist er viel schlimmer. König Päule der Zweite ist ein gemeiner, geldgieriger Blödmann. Seine Soldaten nehmen den Fischern den Fang weg und den Bauern die Ernte. Der König tauscht unser Obst und unsere Fische gegen Gold und Diamanten ein. Er und seine Ehefrau tragen so viel Gold am Körper, dass sie kaum noch laufen können. Seine Königskrone sieht aus wie eine doppelstöckige Geburtstagstorte. Aber statt Sahne, Schokolade und Marzipan hat der Konditor Gold, Edelsteine und Perlen verwendet. Ein Diener trägt diese Torte, äh, Krone auf einem Kissen hinter dem König her, weil sie für seinen Kopf viel zu schwer ist.

Und genau diese Krone werde ich ihm klauen. Früher hat so etwas mein Papa erledigt: der berühmte Piratenkapitän Rotbart.

Aber er hat sich zur Ruhe gesetzt. Er trägt jetzt lieber Pantoffeln und ist ein friedlicher alter Mann geworden.

Inzwischen bin ich, die Piraten-Jenny, groß geworden und ich habe viel von meinem Papa gelernt. Fechten natürlich und wie man an den Sternen die Himmelsrichtung bestimmen kann.

„Manchmal", so hat er zu mir gesagt, „ist Weglaufen klüger als Kämpfen, Jenny. Beute zu machen ist nicht schwer. Aber es ist ein Kunststück, unerkannt zu entkommen. Zu wissen, wann man angreift und wie man sich am besten wieder unsichtbar macht, das zeichnet einen wirklich guten Piraten aus."

Mein Papa weiß, wovon er spricht. Er hat fast fünf Jahre in den Kerkern des Königs verbracht. Dann habe ich ihn befreit. Der dicke Knut, Leuchtglatze, der lange Hein und Pit Nase waren auch mit dabei. Der lange Hein und Leuchtglatze segeln immer noch mit mir.

Noch heute erzählen sich die Seeräuber an allen Küsten die Geschichte. Mein Papa stellte sich tot. Den Gefängnisarzt hatten wir vorher bestochen. Leuchtglatze und Pit Nase brachten den Sarg heraus.

Die richtigen Sargträger lagen gefesselt in der Gefängnisküche.

Papa sollte öffentlich vor allen Augen beerdigt werden. Der König wollte allen zeigen, dass der fürchterliche Rotbart tot ist. Umso blöder war es für den König, als Papa mit Piratengebrüll aus dem Sarg sprang und unsere Trauergäste die Säbel zogen. Sie riefen: „Nieder mit dem König! Es lebe die Freiheit!“

Heute werde ich den Spaß wiederholen. Denn gleich wird Kapitän Rotbart wieder vor dem König stehen. Diesmal kommt er nicht aus einem Holzsarg. Nein. Diesmal springt er aus einer Sahnetorte. Sie ist geformt wie die Krone, nur viel größer. Vier Diener tragen die Torte in den Ballsaal. Sie haben keine Ahnung, dass ich mich im Inneren befinde. Ich habe Papa den roten Bart schon vor Jahren abrasiert, den Zopf natürlich auch, damit er in Ruhe unerkannt leben kann. Beides trage ich jetzt.

Ein bisschen Angst habe ich schon. Außer mir ist kein Pirat im Schloss. Ich komme als schöne junge Frau verkleidet herein und genauso werde ich das Schloss auch wieder verlassen. Das ist zumindest unser Plan.

Das Schloss des Königs steht auf Kreidefelsen direkt am Meer. Von hier aus hat man einen wunderschönen Ausblick. Die Feier findet oben im Festsaal statt. Wenn man hier aus dem Fenster guckt, wird einem schwindlig. Es geht gut hundertfünfzig Meter steil bergab und unten schlagen die Wellen gegen die Klippen. Im Schatten einer Grotte liegt unser Piratenschiff. Es ist nicht größer als die Rettungsboote an Bord der königlichen Schiffe. Aber es ist schnell, wendig und hat nicht viel Tiefgang. Wir können auch bei Niedrigwasser segeln.

Hier bei den Felsen, wo es jetzt auf seinen großen Einsatz wartet, würden alle Schiffe des Königs auf Grund laufen.

Die Küche liegt direkt unter dem Festsaal. Die Küchenfenster sind immer offen, weil es dort durch die Herde und Backöfen unerträglich heiß ist. Ich ziehe mir das feine Kleid aus. Darunter trage ich meine Piratensachen. Ich klebe mir Papas Bart an und steige in die Torte.

Hier drin ist es unbequem. Schon wird die Torte aus der Küche hoch getragen. Es schaukelt wie bei starkem Wellengang. Ich muss aufpassen, nicht zu früh aus der Torte zu fallen.
Dieser dämliche König ist nicht nur gemein und geldgierig, nein, er hat auch einen grässlichen Musikgeschmack. Wenn er einen Raum betritt, müssen immer Fanfaren ertönen und es werden Trommelwirbel geschlagen. Wenn man Pech hat, spielt er selbst Klavier. Das ist dann etwa so schön wie Zahnschmerzen und Fußpilz zusammen. Natürlich müssen seine Untergebenen andächtig lauschen und danach begeistert Beifall klatschen.
Endlich hört das Wackeln auf. Die Torte steht jetzt still. Ich nasche ein wenig. Dann werden die Fanfaren geblasen und ein Herold ruft: „Hier kommt Seine königliche Majestät, unser geliebter Landesvater! Der Tapferste der Tapferen! Der größte Feldherr aller Zeiten! Der unbesiegte gefürchtete Schwertkämpfer! Der geniale Klaviervirtuose! König Päule der Zweite!“
Nach dem Trommelwirbel ertönt Applaus. Ich sehe zwar nichts, aber er muss da sein. Denn nun beginnt ein so erbärmliches Geklimper auf dem Klavier, dass mir das arme Instrument richtig Leid tut. Kein Ton passt zum anderen. Nun, ich kann zwar nicht aus der Haut fahren, aber dafür aus der Torte. Und genau das tue ich und rufe: „Nieder mit dem König! Es lebe die Freiheit!“
Sahneflocken fliegen durch die Luft. Ein Stückchen Torte mit Geburtstagskerze klatscht der Königin auf den Kopf.
Ich schwinge Papas alten Krummsäbel und renne auf den König am Klavier zu. Neben ihm steht der Diener, der ihm immer die Krone hinterher tragen muss.
Der König ist ein bisschen langsam im Denken. Er hat noch gar nicht kapiert, was los ist. Er spielt weiter Klavier.

„Hör mit der schrecklichen Musik auf!“, schreie ich. „Das ist ja unerträglich!“
Jetzt sieht der König aus, als ob er heulen müsste. Er zeigt auf mich: „Ergreift ihn! Er mag meine Musik nicht.“
Ich schnappe mir die Krone und renne zum Fenster. Der König will mir folgen, rutscht aber auf einem Sahnewölkchen aus und landet in der Torte. Ich werfe die schwere Goldkrone durch das geschlossene Fenster nach draußen. Die Leibwächter des Königs wissen nicht, ob sie ihn zuerst aus der Torte retten oder lieber mich gefangen nehmen sollen. Als ich drohend meinen Säbel schwinge, entscheiden sie sich, lieber zuerst ihrem König zu helfen.
Ich springe aus dem Fenster. Wir haben alles gut vorbereitet. Hier hängt ein Seil, mit dem ich mich ein Stockwerk tiefer in die Küche schwinge. Dort ziehe ich mich um. Aus dem Piraten Rotbart wird wieder eine hübsche junge Frau.
Oben höre ich den König schreien: „Meine Krone! Er hat meine Krone gestohlen! Und meine Torte kaputt gemacht und meine Musik beleidigt! Er soll hängen!“
„Aber teurer Gemahl“, flötet die Königin, „er ist gewiss tot. Niemand überlebt einen Sprung aus solcher Höhe.“
Inzwischen hat der lange Hein die Krone vom Grund des Meeres hoch geholt. Meine Leute rudern aus der Grotte ins offene Meer. Dort setzen sie die Segel.
„Nein! Er lebt!“, jammert König Päule der Zweite. „Da, sieh nur, holde Gattin! Sein Piratenschiff! Er ist unsterblich, glaub mir. Ich habe schon mal gesehen, wie er aus dem Sarg gesprungen ist!“
Lächelnd verlasse ich das Schloss. Ein königlicher Offizier macht mir den Hof. Aber eine richtige Piratenkönigin wie ich lässt sich mit solchen Typen nicht ein.

Piraten ahoi!

T./M.: Bettina Göschl

D A G A D

1. Strophe: Noch liegt das Schiff im Ha-fen, doch bald ist es so-weit. Heut' Nacht wird nicht ge-

6 A E7 A D A G

schla-fen. Pi - ra-ten, seid be - reit! "Auf, Män-ner, an die Ru-der!", ruft Käpt'-n Ro-ter

12 A G A D G A

Bart. Er ist Chef von uns Pi - ra-ten und lädt ein zur Ka-per-fahrt.

19 D h G A D

Refrain: Pi - ra - ten a___ hoi! Hisst die Flag-ge, setzt die Se-gel! Pi - ra - ten a -

25 h G A D h G

hoi! Auch bei Sturm gehn wir an Bord. Pi - ra - ten a___ hoi! Ob bei Re-gen o-der

31 A D h G A D

Ne-bel. Pi - ra - ten a - hoi! Denn uns zieht es wie-der fort!

2. Am großen Rad steht Langbein,
er ist der Steuermann,
den hört man schon von weitem,
weil er so rülpsen kann.
Ein Duft kommt aus der Küche.
Wer kocht da Sauerkraut?
Der Schiffskoch Kalle rührt im Topf,
er singt ganz falsch und laut.

Refrain

3. Und die Piraten-Jenny
guckt durch das lange Rohr.
Da oben auf dem Mastkorb
kommt ihr was komisch vor.
Entdeckt sie dann 'ne Beute,
so ruft sie: „Schiff in Sicht!"
Sie hat nur noch ein Auge,
doch das stört Jenny nicht!

Refrain

4. Gefürchtete Piraten
sind wir im ganzen Land.
Als „Schrecken aller Meere"
fahr'n wir von Strand zu Strand.
Den Spaten nicht vergessen!
Kommt, packt die Karte ein!
Bald graben wir nach Schätzen,
nach Gold und Edelstein.

Refrain (2x)

Spielideen für den Refrain

Piraten ahoi!: Die Hand zur Faust machen und nach oben strecken, mit beiden Händen pantomimisch eine Flagge hochziehen.
Sturm: Handinnenflächen aufeinander legen und als Welle hin- und herschwenken.
Regen und Nebel: Mit den Fingern von oben nach unten regnen lassen.
Denn uns zieht es wieder fort: Eine Hand an die Stirn legen und sehnsüchtig in die Ferne blicken.

Spielideen für die Strophe

1. Strophe: Die flache Hand an die Stirn halten und nach dem Hafen Ausschau halten, dann mit den Armen rudern.
2. Strophe: Mit den Händen ein Steuerrad halten, mit einer Hand im Topf Sauerkraut rühren.
3. Strophe: Mit zwei Händen ein Fernrohr „bauen" und durchgucken, dann mit einer Hand ein Auge zuhalten.
4. Strophe: Wütend gucken, dann mit der Schaufel nach einem Schatz graben.

Piraten-Jenny

T./M.: Bettina Göschl

A D A D A

1. Die Jen-ny will Pi - ra-tin sein, sie übt es schon ganz lang. Pa-pa Rot-bart

D A D G D

7 sagt: „Mein Kind, das kann doch nur ein Mann!" Doch Jen-ny, die will A - ben-teu - er,

G D G D A D

12 se-gelt raus aufs Meer. Auf ih-rem Schiff tanzt sie vor Glück, reist Pa-pa hin-ter - her.

G D A

18 **Refrain:** Pi - ra-ten - Jen - ny hat kei-nen Pen - ny. Doch sie stampft zum See-manns -

D A D G D

24 tanz, pfeift durch die Fin-ger, hört, sie kann's! Pi-ra-ten - Jen - ny hat kei nen Pen-

D A D A D

30 ny. Ob es stürmt o-der kracht, sie tanzt an Deck bei Tag und Nacht!

2. Ein starker Wind bläst um das Schiff.
Jetzt wankt es hin und her.
Am liebsten segelt sie bei Sturm
im wilden, rauen Meer.
Dem Steuermann, dem ist schon
schlecht.
Ihm ist das nicht geheuer.
Nein, seekrank, das wird Jenny nicht.
Sie liebt das Abenteuer.

Refrain

3. Die Jenny trägt 'nen Säbel
und sieht ganz gefährlich aus.
Und wenn sie den mal hochhält,
nehmen alle gleich Reißaus.
Nach wirklich kurzer Zeit schon
ist die Jenny ganz bekannt.
Überall wird sie „Piraten-Jenny"
nur genannt.

Refrain

4. Dann guckt Jenny durch das Rohr,
entdeckt ein großes Schiff.
Die schwarze Flagge weht im Wind,
ein Totenkopf in Sicht.
Jennys Maat lädt die Kanone.
Doch sie ruft laut „Stopp!
Vielleicht ist da mein Papa drauf
mit seinem langen Zopf!"

Refrain

5. Ein Mann vom Schiff winkt ihr wild zu.
Die Jenny fährt drauf los.
„Hey, Papa!", ruft sie. „Siehst du mich?
Ich bin Pirat und groß!"
Der Käpt'n freut sich: „Überall
erzählt man viel von dir!
Das kann nur meine Jenny sein!
Komm mit und bleib bei mir!"

Refrain

Tanzanleitung für den Refrain

Von einem Bein aufs andere hüpfen, jeweils den Fuß, der sich in der Luft befindet, nach vorne werfen, die Hände dabei auf den Hüften abstützen. Dann mit den Füßen im Takt stampfen. Könnt ihr wie Jenny durch die Finger pfeifen?

Heja Ho!

T./M.: Bettina Göschl

C e F C G C

Intro: Tin Whistle o. Flöte

12 e F G C C G C

1. Wir sind die See-pi-ra-ten

23 F G F G C a F G

und kom-men von weit her. Mit un-se-rem Pi-ra-ten-schiff fah-ren wir aufs Meer.

35 C e F C G

Refrain:
He-ja ho! He-ja ho! Wir sind die See-pi-ra-ten! He-ja
He-ja ho! He-ja ho! Wir lie-ben Ka-per-fahr-ten! He-ja

46 C e F G C

ho! He-ja ho! Ja, wir ru-fen so!
ho! He-ja ho! und Schät-ze so-wie-so!

2. Wir sind ganz stark und kräftig,
das kann ein jeder seh'n!
Und, na klar, die Augenklappe,
die darf uns nicht fehl'n!

Refrain

3. Und knurrt uns mal der Magen,
dann angeln wir uns Fisch.
Und Salat aus Algenkraut
kommt mittags auf den Tisch!

Refrain

4. Als echte Seepiraten
suchen wir im Meer
einen längst vergess'nen Schatz
und dazu singen wir!

Spielanleitung

In der 1. Strophe die Handinnenflächen aufeinander legen und damit hin- und hersegeln.
In der 2. Strophe heben die Piraten die Arme, zeigen ihre Muskeln und mit einer flachen Hand die „Augenklappe" auf dem Auge.
In der 3. Strophe halten die Seeräuber hungrig ihren Bauch, werfen pantomimisch eine Angel aus und ziehen einen Fisch aus dem Wasser. Die Hände zum Essen des Fischs an den Mund führen.
In der 4. Strophe die flache Hand an die Stirn legen und einen Schatz suchen, dann pantomimisch mit der Schaufel graben und die Kiste hochholen. Im Refrain können sich die Piraten einhaken und hin- und herschunkeln.

Wir haben dem König das Gold geklaut

T./M.: Bettina Göschl

2. Nachts, da schlichen wir uns leis'
ins Königsschiff hinein.
Die Wachen schliefen tief und fest
schon hing der Schatz am Seil.
Die große Kiste war ganz schwer,
mit Edelsteinen voll.
Seitdem geh'n wir auf Kaperfahrt
und klau'n dem König Gold!

Refrain

3. Der König schickt Soldaten aus.
Er jagt uns hinterher.
Er folgt uns bis nach Afrika,
ganz nah am Roten Meer.
In einem Dorf, da sucht auch noch
sein erster Offizier.
Doch uns're Freunde sagen dann:
„Piraten war'n nicht hier!"

Refrain

4. Kein Mensch erwischt uns.
Sind längst weg.
Das Gold ist mit dabei.
Irland ist das nächste Ziel,
dann Spanien und Hawaii.
Im Pazifik jagt man uns,
vor Kuba sowieso.
Wir tanzen Samba in der Nacht,
und wackeln mit dem Po.

Refrain

Spielideen für den Refrain
Mit den Händen abwechselnd rechts und links das Stehlen andeuten, dann mit den Fingern eine Brille formen und durchgucken.

Leuchtfeuer

T./M.: Bettina Göschl

d A7 d d A7 d F

1. Auf ei - ner klei - nen In - sel, weit weg im O - ze - an, da steht mein bun - ter

7 F C C d A7 d d A7

Leucht - turm, der nachts hell leuch - ten kann. Grün - gelb ist er ge - rin - gelt, ich schür' das Feu - er

13 d F F A7 d F C

an. Denn ich heis - se Ni - ko und ich bin der Leucht - turm - mann. **Refrain:** He, ihr Pi-
He, ihr Pi-

20 d C A7 d F F C

ra - ten da draus - sen in der Nacht! Das Leucht - feu - er ha - be ich für euch an - ge -
ra - ten, könnt' hier vor An - ker gehen! In mei - ner Bucht, ja da kann euch nie - mand

26 C B C d B C

macht. Leucht - feu - er in der Nacht. Leucht - feu - er in der
sehen!

35 d B C d B C d

Nacht. Leucht - feu - er in der Nacht. Leucht - feu - er in der Nacht.

2. Nachts, wenn alles schlummert,
dann werde ich erst fit.
Meine Kiste Holz, ’ne Tasse Tee,
die nehm’ ich mit.
Hundertneunzig Stufen
steig’ ich den Leuchtturm rauf.
Das Feuer darf nicht ausgehen.
Ja, darauf pass’ ich auf.

Refrain

3. Einst, da war ich Käpt’n,
fast dreißig Jahre lang.
Und das Piratenleben
sieht man mir noch an.
Seht, meine große Narbe,
die leuchtet im Gesicht.
Doch immer nur Pirat sein –
ach nein, das wollt’ ich nicht.

Refrain

4. Und kommt nachts Besuch,
Piratenfreunde von weit her,
versteck’ ich ihre Schätze.
Ja, dann freuen sie sich sehr.
Erst wenn die Sonne aufgeht,
fall’n mir die Augen zu.
Ich schlafe fest und träume
meinen Leuchtturmtraum dazu.

Refrain

Piraten – Die Herrscher der Meere

Über Seeräuber gibt es jede Menge Geschichten. Manche davon sind wahr und einige Piraten hat es wirklich gegeben. Aber viele Erzählungen wurden erfunden. Vielleicht kennt ihr ja die berühmte Geschichte von Peter Pan, der gegen Käpt'n Hook kämpft?

Das Wort Pirat leitet sich vom griechischen Wort „peiran" ab, was so viel bedeutet wie „unternehmen, wagen". Deshalb hießen die Seeräuber in Griechenland auch „peirates". Vor etwa 4000 Jahren soll es schon Piraten gegeben haben. Aber so ganz genau weiß das niemand.

Piraten waren Menschen, die mit ihren Schiffen auf dem Meer umher segelten, andere Schiffe überfielen und ausplünderten. Deshalb waren sie nicht gerade beliebt und viele Menschen hatten Angst vor ihnen. Es gab Seeräuber, die andere Schiffe sogar im Auftrag des Königs oder der Königin enterten und in Besitz nahmen. Sie erhielten deshalb vorher von den Adeligen einen Brief, in dem sie die ausdrückliche Erlaubnis zum Kapern bekamen. So ein Brief hieß Kaperbrief. Diese Piraten wurden auch Freibeuter genannt. Sie durften zwar feindliche Schiffe überfallen, aber die Beute mussten sie anschließend mit dem König oder der Königin teilen.

Einige Seeleute wurden aus Not zu Piraten, denn viele waren sehr arm und mussten hungern. Sie ärgerten sich über die Könige und Königinnen, die in Saus und Braus lebten, während sie selbst kaum etwas zu essen hatten. Das fanden viele einfach ungerecht. So hofften sie, auf Schiffen, einsamen Inseln oder an Stränden Schätze zu finden, um zu überleben. Andere Seeräuber wiederum suchten das Abenteuer oder waren Gefangene, die sich einer Piratenmannschaft anschlossen.

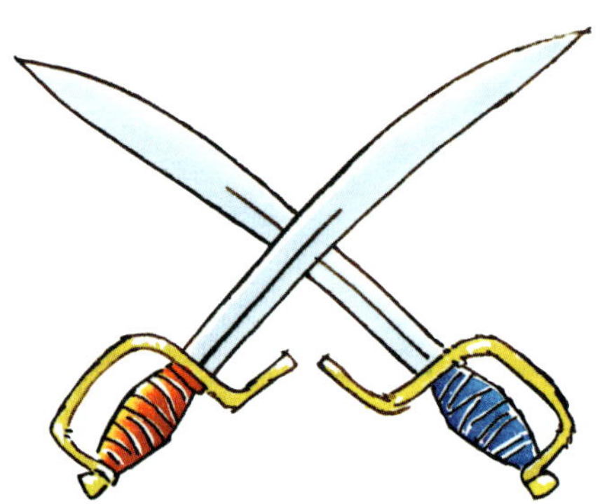

Das Piratenleben

Oft waren Piraten viele Wochen und Monate auf dem Meer unterwegs. Stellt euch vor, so eine Mannschaft hatte bis zu zweihundert Mitglieder! Da konnte es schon sein, dass die Essensvorräte schnell aufgebraucht waren und die Menschen an Bord hungern mussten. Das Piratenleben war also nicht immer nur abenteuerlich und schön.

Die Piraten nahmen vor allem Lebensmittel mit, die möglichst lange haltbar waren, wie gesalzenes oder getrocknetes Fleisch und Schiffszwieback. Hin und wieder gab es Fisch aus dem Meer oder Schildkröten. Die Wasservorräte wurden schnell knapp, denn das Wasser verfaulte rasch in den Holzfässern. Deshalb tranken die Piraten oft Wein oder Bier. Einige Seeräuber mochten sogar Kakao.

Ihr habt vielleicht schon mal davon gehört, dass den Piraten die Zähne ausfielen. Diese Krankheit heißt Skorbut. Sie kam daher, dass die Piraten auf langen Seereisen kaum Obst und Gemüse zu essen bekamen. Ihnen fehlte also Vitamin C, was für das Zahnfleisch sehr wichtig ist.

Auf einem Piratenschiff wartete jede Menge harte Arbeit. Die Männer mussten die Segel setzen oder wieder einholen. Dabei kletterten sie ganz schön hoch nach oben, was nicht ganz ungefährlich war. Oft flickten Piraten kaputte Segel oder sie nähten gleich neue. Das Deck an Bord musste regelmäßig mit Süßwasser geschrubbt und das Holz ausgebessert werden. Denn wenn Salzwasser in das Holz eindrang und die heiße Sonne darauf brannte, konnte es passieren, dass das Holz austrocknete. Die Planken wurden brüchig und rissen.

Das Piratenleben konnte zwar wild und aufregend sein, aber manchmal auch sehr langweilig. Nicht immer kam ein Schiff vorbei, das geentert werden konnte. Um sich die Zeit zu vertreiben, spielten die Piraten mit Würfeln.

Ein richtiges Bett hatten die Seeräuber meist nicht. Sie schliefen oft eng zusammengedrängt unter Deck auf dem harten Boden, auf Säcken oder in Hängematten. Das war ganz schön unbequem! Wenn so viele Piraten nachts auf einem Haufen lagen, dann gab es auch mal ein lautes Schnarchkonzert.

Seeräuber aus aller Welt

Piraten und Seeräuber hat es in vielen Teilen der Welt gegeben. Nur wurden sie nicht überall Piraten genannt.
Im Mittelmeerraum, wie an der Küste von Italien, Spanien und Frankreich sowie an Teilen der nordafrikanischen Küste, hießen sie Korsaren. Dieses Wort kommt von dem italienischen Wort „corsaro" und bedeutete zunächst „Seeräuberschiff". Später wurde das Wort mit „Seeräuber, Freibeuter" übersetzt.
An der Nordsee waren die Wikinger sehr bekannt. Ihre Heimat waren die Küsten und die Inseln Norwegens, Dänemarks und Schwedens. Woher der Name Wikinger stammt, weiß keiner so genau. Möglicherweise bedeutete es „Männer aus den Buchten". Denn Buchten hießen in der nordischen Sprache „Viken". Vielleicht leitet sich der Name aber auch von dem nordischen Wort „vikingr" ab, was „Mitglied einer Gefolgschaft" bedeutet.

Die nordafrikanische Küste war die Heimat der Barbaresken. Als Barbar wurde ein Rohling oder ungesitteter Mensch bezeichnet. Sie galten als sehr gefürchtet. Mit schnellen Galeeren enterten sie Handelsschiffe und erbeuteten oft auch Sklaven. Recht berühmte Barbaresken waren im 16. Jahrhundert die zwei Brüder Horuk und Cheireddin. Da sie beide rote Bärte trugen, wurden sie auch die Brüder Barbarossa genannt.

Piraten der Karibik

Im 17. Jahrhundert war das sogenannte „Goldene Zeitalter“ der Piraterie und hielt etwa 30 Jahre an. In dieser Zeit nahm der weltweite Seehandel deutlich zu. Immer mehr Seeleute erhielten Kaperbriefe, wodurch die Piraterie noch einmal richtig aufblühte. Abenteurer aus Frankreich, Spanien, Portugal oder Westafrika sind nach Südamerika oder in die Karibik gesegelt, um dort Beute zu machen.

In der Karibik trieben die Bukanier auf den Inseln Kuba, Jamaika oder Hispaniola viele Jahre ihr Unwesen. Von den wenigen Ureinwohnern lernten diese Seeräuber, wie man Fleisch über einem Rost räuchern und so haltbar machen konnte. Der Lattenrost zum Räuchern hieß ursprünglich „boucan“, wovon sich später das Wort „Bukanier“ ableitete. Das geräucherte Fleisch tauschten die Bukanier gegen Tabak, Schießpulver und Gewehre ein. Aus dem Fett wurde Lampenöl gewonnen.

Ein wichtiger Unterschlupf bot den Piraten die Insel Tortuga, was auf Deutsch „Schildkröteninsel“ heißt. Sie liegt im Karibischen Meer und wurde als „Pirateninsel“ bekannt. Dorthin zogen sich einige Bukanier zurück und schlossen sich zu einer Gemeinschaft zusammen. Von der Insel aus konnten sie sich besser gegen Angriffe schützen, aber auch Jagd auf fremde Schiffe machen.

Einer der bekanntesten Piraten der Karibik war Edward Teach. Er wurde auch „Blackbeard“ oder auf Deutsch „Schwarzbart“ genannt. Auf den nächsten Seiten könnt ihr mehr über ihn und andere berühmte Piraten erfahren.

Berühmte Piraten

Im Laufe der Piratengeschichte hat es einige legendäre Seeräuber gegeben. Da war zum Beispiel Sir Francis Drake, ein englischer Admiral und Seeheld, der vor mehr als 400 Jahren gelebt hat. Er wurde auch der „Pirat der Königin" genannt. Mit Erlaubnis der englischen Königin Elisabeth I. soll er viele spanische Schiffe überfallen haben. Elisabeth I. erhielt von Sir Francis Drake dann jedes Mal einen Teil der Beute und wurde dadurch sehr reich.

Der Seeräubergeneral Henry Morgan war etwa hundert Jahre später, also im 17. Jahrhundert, sehr bekannt. Henry Morgan steuerte mit seinen Schiffen allerdings lieber das Land an, um es in Besitz zu nehmen, als Schiffe auf dem Meer zu kapern.

Einer der gefürchtetsten Seeräuber der Karibik lebte vor etwa 300 Jahren: Der schreckliche Schwarzbart, auch „Blackbeard" genannt! Er wurde in England geboren und hieß eigentlich Edward Teach. Seinen schwarzen Bart und seine Haare flocht er zu vielen Zöpfen, die dann von seinem Kopf abstanden. Es gibt sogar das Gerücht, dass er glimmende Zündschnüre unter seinen Hut steckte, um seinen Opfern Angst einzujagen.

Auch in Deutschland soll es einen ganz berühmten Piraten gegeben haben: Klaus Störtebeker. Über ihn gibt es viele Geschichten, von denen niemand genau weiß, ob sie wirklich passiert sind.

Der Legende nach räuberte Störtebeker vor etwa 600 Jahren an der Ostsee und später auch an der Nordsee. Angeblich trug er den Namen Störtebeker, weil er in einem Zug

Sir Francis Drake

Henry Morgan

einen ganzen Becher Wein austrinken konnte. Seine Piratenfreunde riefen: „Klaus, stürze den Becher!“. Auf Plattdeutsch klang das wie „Störtebeker“. Gemeinsam mit dem Seeräuber Godeke Michels soll Störtebeker Anführer der Vitalienbrüder gewesen sein. Sie waren Freibeuter und zunächst eine Hilfstruppe des Königs von Schweden. Diese Piraten hießen Vitalienbrüder, weil sie die Schweden mit Lebensmitteln versorgten. Das Wort „Vitalien“ kommt von „Viktualien“ und bedeutet übersetzt Lebensmittel. Störtebeker und seine Männer kämpften auch gegen die „hanseatischen Pfeffersäcke“. So wurden spöttisch die reichen Händler genannt, die ihren Wohlstand dem Handel mit Gewürzen nach Übersee verdankten. Heute ranken sich viele Legenden und Sagen um Klaus Störtebeker und seine Gefolgschaft. Es heißt, Klaus Störtebeker sei der „Robin Hood der Meere“ gewesen, da er für eine gerechte Aufteilung von Lebensmitteln und Waren unter den Menschen kämpfte. Es gibt sogar viele Gerüchte darüber, dass Störtebeker einen Schatz versteckt haben soll, aber gefunden hat ihn bislang niemand.

Bis heute ist Klaus Störtebeker nicht vergessen. So finden regelmäßig Festspiele rund um diesen berühmten Piraten auf der Ostseeinsel Rügen statt. Auch in Marienhafe in Ostfriesland sind die Störtebeker-Freilichtspiele bei den Einheimischen und Urlaubern sehr beliebt.

Edward Teach genannt „Blackbeard“

Klaus Störtebeker

Mit Schiffen übers Meer

Früher gab es ganz unterschiedliche Piratenschiffe. Um möglichst schnell zu sein, schipperten Seeräuber lieber mit wendigen, kleinen Schiffen übers Meer, z. B. mit Galeeren. Eine Galeere hatte zwar Segel, wurde aber vorwiegend mit Rudern angetrieben. Dieses Ruderschiff konnte bis zu 50 Meter lang und über sechs Meter breit sein.
Je nachdem welches Schiff sie erbeuten konnten, segelten die Piraten auch mit größeren Schiffen über die Ozeane, wie mit einer Galeone, einem Handelsschiff.
Bei den chinesischen Piraten hieß das Schiff Dschunke. Im 19. Jahrhundert soll es eine Piratendschunke gegeben haben, die mit drei Masten ausgestattet war. Sie hatte ein großes Ruder und etwa eine Länge von 25 Metern.

Die Wikinger segelten mit Langschiffen übers Meer. Das Langschiff besaß nur ein Segel und war mit etwa 30 Ruderpaaren bestückt.
Das Takelwerk ist eine Segeleinrichtung auf Piratenschiffen. Es besteht aus den Tauen, den Masten und Ketten. Das Takelwerk hält und trägt die Masten und Segel. Die Segel sind aus sehr festem Gewebe gemacht, zum Beispiel aus Hanf, Baumwolle oder Leinen. Denn so ein Segeltuch muss starke Winde, Stürme und Orkane aushalten können. Deshalb werden einige Stellen des Tuchs sogar doppelt verstärkt. Auf dem Achterdeck befindet sich das Steuerrad, mit dem der Steuermann das Schiff lenkt. Das Achterdeck liegt im hinteren Teil des Schiffes, dem Heck. Der vordere Teil heißt Bug oder auch Vorschiff.

Der Schiffskoch wird an Bord auch Smutje genannt. Das Essen bereitet er in der Kombüse zu. Da das Essen über offenem Feuer gekocht wird, liegt die Schiffsküche weit weg von der Pulverkammer. Ihr könnt euch vielleicht denken, was passiert, wenn Schießpulver mit Feuer zusammenkommt. Genau! Dann gibt es eine Explosion.
Der Schiffskapitän hat an Bord ein eigenes Zimmer, das ist die Kajüte. Darin wohnt und schläft er.
Auf ihren Piratenfahrten saßen Seemänner im Mastkorb und hielten nach Schiffen oder Land Ausschau. Dazu guckten sie durch ein langes Fernrohr. Je höher der Ausguck lag, umso weiter konnten sie in die Ferne sehen. Und wie der Name schon sagt, hing der Korb oben am Mast eines Schiffes. Um dort hinaufzukommen, kletterten sie an den geknüpften Seilen hoch. Der Mastkorb wurde in der Seemannssprache auch Krähennest genannt. Früher haben die Seeleute Krähen mit aufs Schiff genommen, mit deren Hilfe die Mannschaft Land finden konnte. Wurde eine Krähe freigelassen, ist sie in Richtung Land geflogen und das Schiff konnte ihr folgen.

Wisst ihr, was ein Buddelschiff ist? „Buddel" ist ein anderer Name für Flasche. Darin liegt ein kleines Schiff, von dem niemand so genau weiß, wie es in die Flasche gekommen ist. Eine Anleitung für ein selbstgebasteltes Buddelschiff findet ihr als Download.

Schau genau!

Auf unserem Piratenschiff haben die Piraten einen echten Goldschatz versteckt. Kannst du ihn finden?

1 Heck
2 Reling
3 Kajüte
4 Besanmast
5 Steuerrad
6 Takelage
7 Jolly Roger
8 Mastkorb
9 Rah
10 Großmast
11 Rettungsboot
12 Geschützdeck
13 Vorratslager
14 Fockmast
15 Kombüse
16 Bug
17 Galionsfigur
18 Ankerwinde
19 Anker
20 Bugspriet
14
20
15
16
17
18
19

Hisst die Flaggen

Zu einem Piratenschiff gehört natürlich auch eine echte Piratenflagge. Und jeder berühmte Kapitän, der etwas auf sich hielt, hatte seine ganz eigene Flagge! Die wird auch Jolly Roger genannt. Die meisten Piratenflaggen waren schwarz und zeigten Säbel, Schwerter, Totenköpfe, Teufel, Herzen oder gekreuzte Knochen. Die Piraten hissten sie zum Angriff, um ihren Feinden Angst zu machen. Beim Anblick der Flagge sollte der Feind sich ergeben. Aber nicht immer zeigten die Piraten ihre Flagge. Manche wendeten einen Trick an: Entdeckten die Piraten ein Schiff oder näherten sie sich dem Land oder Hafen, hissten sie zunächst die erbeutete Flagge eines Königs- oder Handelsschiffes, um nicht gleich als Piraten erkannt zu werden. Wiegten sich die Feinde in Sicherheit, griffen die Piraten an.
Und hier findet ihr ein paar Flaggen berühmter Piraten:

Tipp
Ihr könnt euch ganz einfach selbst eine Piratenflagge basteln. Eine Anleitung findet ihr als Download.

Kostbare Schätze

Wer denkt bei dem Wort „Piratenschatz“ nicht an eine Schatztruhe gefüllt mit glänzendem Gold, funkelnden Edelsteinen und glitzerndem Schmuck, die auf einer einsamen Insel vergraben ist?
Ob wirklich Schätze von Piraten verbuddelt wurden, ist nicht ganz klar. Der Pirat William Kidd soll auf der Insel Gardiner's Island im US-Bundesstaat New York einen Schatz im Sand vergraben haben. Aber Forscher gehen davon aus, dass weniger die Piraten, sondern eher die Menschen an Land ihre Schätze versteckten, um sie vor den Seeräubern zu schützen.
Piraten erbeuteten auf dem Meer nicht nur Geld und Gold, das Handelsschiffe geladen hatten. Auch Nahrungsmittel, Gewürze, Medikamente, Waffen, Tabak, edle Stoffe, Segel, Taue oder Schießpulver gehörten zu ihren kostbaren Schätzen. Einiges davon wurde von der Piratenmannschaft verkauft, und die Beute wurde unter den Seeräubern aufgeteilt. Einige haben ihre Beute an Land mit vollen Händen gleich wieder ausgegeben.
Habt ihr schon mal von der Kokosinsel gehört? Die gibt es wirklich. Sie liegt im Pazifischen Ozean. Der Legende nach sollen dort vor vielen hundert Jahren jede Menge Piraten ihre Schätze vergraben haben. Daraufhin haben viele Schatzjäger diese Insel besucht. Bisher hat aber niemand einen Schatz gefunden. Wer weiß, vielleicht wartet doch noch irgendwo auf der Welt ein geheimnisvoller Schatz darauf, entdeckt zu werden. Eine Bastelanleitung für eine Schatzkarte könnt ihr auf Seite 58 finden.

Mutige Seeräuberinnen

Früher gab es Piraten und Seeleute, die glaubten, eine Frau an Bord eines Schiffes bringe Unglück. Das ist natürlich Quatsch, denn neben vielen berüchtigten Männern in der Piraterie hat es viele sehr mutige und starke Frauen auf See gegeben. Und das, obwohl sie wussten, dass das Leben an Bord sehr hart und unbequem war. Viele Frauen, die Piratin oder Matrosin werden wollten, hungerten und hatten kaum Geld. Sie glaubten, an Bord eines Schiffes besser überleben zu können. Andere Frauen hatten reiche Eltern oder waren sogar Prinzessinnen. Auch diese Mädchen hatten es in der damaligen Zeit nicht leicht, denn vieles wurde nur den Jungen erlaubt. Mädchen sollten brav zu Hause sein, um Handarbeiten zu erlernen oder den Haushalt zu erledigen. Einige Frauen und Mädchen fanden das ungerecht. So reizte sie das unabhängige Leben in Freiheit mit vielen Abenteuern. Aus der Zeit der Wikinger gibt es eine schöne Geschichte: So soll die gotische Prinzessin Altilda in den dänischen Prinzen Alf verliebt gewesen sein. In manchen Geschichten wird sie auch Alwilda oder Alfhild genannt. Ihre Eltern verboten ihr, Prinz Alf zu heiraten. Aus Wut darüber entschied sich Altilda, Piratin zu werden. Als der Prinz davon hörte, wurde auch er Pirat und folgte Prinzessin Altilda auf See. Eines Tages prallten ihre Schiffe aneinander und Altilda erkannte in dem Seeräuber ihren Prinzen. Wie glücklich sie war! Nun konnten die beiden endlich heiraten.

Eine sehr berühmte Piratin war Grace O'Malley. Sie wurde vor fast 500 Jahren in Irland geboren. Als Grace noch ganz klein war, wusste sie schon, dass sie Kapitänin werden wollte. Das war aber nicht ganz einfach, denn ihr Vater war Fürst und sehr streng. Er wurde „Schwarze Eiche" genannt und fuhr mit seinen Schiffen regelmäßig zur See. Grace sollte als Fürstentochter andere Aufgaben übernehmen, anstatt auf See zu fahren. Sie sollte zu Hause das Essen vorbereiten und Gäste empfangen. Doch eines Tages verkleidete sich Grace als Junge und gelangte heimlich auf ein Schiff ihres Vaters. Aber an Bord erkannte man Grace nach kurzer Zeit. Ihr Vater war darüber sehr wütend. Als Strafe sollte seine Tochter viele harte Arbeiten auf dem Schiff übernehmen. Grace war begeistert und stellte sich jeder Aufgabe. Der Fürst war verblüfft und erlaubte ihr schließlich, das Seehandwerk zu erlernen. Grace O'Malley wurde zu einer der erfolgreichsten Seeräuberinnen.

Ebenfalls aus Irland stammte die berühmte Piratin Anne Bonny. Sie soll besonders schön gewesen sein. Mit ihrem Vater und ihrer Mutter wanderte sie nach Amerika aus. Anne trug bereits als Kind oft Jungenkleidung. Nach der Schule zog sie ihre Kleider

aus, schlüpfte in Hose und Weste und schlich heimlich durch den Hafen.
Eines Tages lernte Anne den Kapitän James Bonny kennen. Sie heiratete ihn und fuhr mit ihm aufs Meer. Ihr Vater war so wütend darüber, dass Anne nicht wieder nach Hause zurückkommen durfte. In ihrer Zeit als Piratin lernte Anne Bonny die Steuermänner Calico Jack Rackham und Mark Read kennen. Nach einiger Zeit erkannte Anne, dass Mark gar kein Mann war, sondern eine Frau, die in Wirklichkeit Mary hieß. Mary Read wuchs ohne Vater bei ihrer Mutter auf. Als Junge verkleidet soll sie mit etwa 13 Jahren bei einer reichen Frau als Laufbursche gearbeitet haben. Aber Mary floh und heuerte als Mann verkleidet auf einem Schiff an. Mary Read und Anne Bonny wurden die besten Freundinnen und kämpften von nun an Seite an Seite.

Leuchttürme

Leuchttürme sind Seezeichen und geben den Schiffen in der Nacht Orientierung. So wissen Seeleute auch bei Dunkelheit, wo sie sich im Meer befinden. Die meisten Leuchttürme stehen an Küsten oder wurden auf eine Insel gebaut. Dann können die Schiffe sicher sein, dass sich in der Nähe Land oder der Hafen befindet. Viele Häfen sind deshalb nachts durch einen Leuchtturm erhellt.
Aber warum gibt es Leuchttürme, die mitten ins Meer gebaut sind, da, wo kilometerweit keine Küste zu sehen ist? In der Tiefe des Wassers gibt es an einigen unsichtbaren Stellen große Felsen oder Riffe, die für Schiffe sehr gefährlich werden können. Stellt euch vor, was passiert, wenn so ein Schiff gegen ein Riff kracht! Genau. Es kann untergehen. Der Leuchtturm im Meer weist also darauf hin, dass sich an der Stelle so ein gefährlicher Ort befindet.
Ein ganz alter Name für Leuchtturm ist „Pharos", benannt nach der ägyptischen Insel. Auf dieser Insel bauten die Ägypter vor über 2000 Jahren einen Leuchtturm aus weißem Marmor, der sehr berühmt wurde. Leider gibt es diesen Turm nicht mehr. Aber der Name Pharos taucht seitdem in abgewandelter Form immer wieder auf. In Frankreich heißen Leuchttürme „phare" und in Italien „faro".
Ein sehr alter Leuchtturm steht im Norden Spaniens und soll sogar heute noch als Seezeichen in Betrieb sein. Das ist der Herkules-Turm, der im 2. Jahrhundert nach Christus von den Römern gebaut wurde.
Aber auch an der Nord- und Ostseeküste gibt es jede Menge Leuchttürme. Der westlichste Leuchtturm der deutschen Nordsee steht auf der ostfriesischen Insel Borkum. Er ist rot-weiß gestrichen und heißt Kleiner Leuchtturm. Allerdings ist auf Borkum nur der Große Leuchtturm als Seezeichen in

Betrieb. Sehr bekannt ist auch der Leuchtturm Roter Sand. Er steht weit draußen in der Nordsee, nicht weit von der Insel Wangerooge. Er dient heute aber nicht mehr als Seezeichen. Der Leuchtturm auf der Insel Amrum in Nordfriesland ist etwa 42 Meter hoch. Der rote Turm mit seinen zwei weißen Ringen ist noch heute in Betrieb und wird von Urlaubern gerne besucht. Der östlichste Leuchtturm Deutschlands steht auf der Ostseeinsel Greifswalder Oie und heißt genau wie diese Insel. Oie klingt ein bisschen seltsam, ist aber nur ein anderer Name für „kleine Insel". Dieser Leuchtturm ist aus Ziegelsteinen gebaut und leuchtet heute noch in der Nacht, um Schiffen draußen auf dem Meer Orientierung zu geben.

Es soll sogar Leuchttürme geben, die im Inneren eines Landes stehen, also im Binnenland. In Österreich, in Bregenz, wurde so ein Leuchtturm gebaut. Allerdings ist er kein Seezeichen, sondern wurde für eine Oper als Kulisse verwendet. Heute kann man diesen Leuchtturm auf der Wiener Donauinsel in einem Freizeitzentrum bewundern.

Früher musste ein Leuchtturm an den Küsten und in den Meeren natürlich befeuert werden. Ein Leuchtfeuerwärter, meist Leuchtturmwärter genannt, musste dafür sorgen, dass in der Nacht niemals das Feuer ausging. Wirklich niemals. Sonst hätten sich die Schiffe auf dem Meer in der Dunkelheit verirrt und es wären schlimme Unfälle passiert. An der deutschen Nord- und Ostseeküste gibt es heute keine Leuchtfeuerwärter mehr. Vor etwa 30 Jahren hat man begonnen, alle Leuchttürme elektrisch zu betreiben. Der letzte Leuchtfeuerwärter soll im Jahre 1986 seinen Leuchtturm in Eckernförde an der Ostsee verlassen haben.

Riesenkraken und Seeungeheuer

Es werden viele Geschichten von riesigen Ungeheuern erzählt, die in den Tiefen der Meere oder in Seen hausen sollen. Unerwartet tauchen sie plötzlich auf. Wie aus dem Nichts. Ganze Schiffe sollen sie mit ihren riesigen Fangarmen in die Tiefe gezogen haben. Viele dieser Geschichten sind bestimmt erfunden. Seemannsgarn heißen solche Märchen in der Piratensprache.
Habt ihr schon mal etwas von Nessie, dem Ungeheuer von Loch Ness, gehört? Es soll aussehen wie eine Riesenschlange. Immer wieder fahren Urlauber an diesen See nach Schottland, um vielleicht einen Blick auf das sagenumwobene Ungeheuer zu werfen. Inzwischen behaupten unzählige Menschen, Nessie mit eigenen Augen gesehen zu haben. Andere überlegen, ob es sich bei Nessie um einen Saurier aus dem Meer handeln könnte. Aber bisher konnte niemand beweisen, dass es das Monster von Loch Ness wirklich gibt.
Doch große Meerestiere gibt es einige. Eines sieht aus wie ein richtiges Ungeheuer: Der Krake. Er ist ein Kopffüßer, hat acht Fangarme und wird auch Oktopus genannt. Der Krake hat jede Menge Saugnäpfe an den Armen, mit denen er sich nicht nur festhalten, sondern auch tasten und schmecken kann. Die Fangarme heißen auch Tentakel. Der Gemeine Krake kann bis zu 25 Kilogramm schwer und bis zu drei Meter lang werden. Das Wort „gemein“ soll aber nicht heißen, dass der Krake gemein zu jemandem ist. Es bedeutet, dass es sich um einen gewöhnlichen Kraken handelt, der den Forschern bekannt ist. Die Augen eines so großen Kraken sind riesig! Sie haben einen Durchmesser von bis zu 40 cm. Das ist größer als ein Speiseteller.
Der Krake mag das Sonnenlicht nicht so gerne und kriecht erst aus seinem Felsversteck, wenn es dunkel wird. In der Nacht jagt er gerne Krebse. Im Pazifik, an der Westküste Kanadas, soll es sogar einen Riesenkraken geben, dessen Fangarme eine

Spannbreite von bis zu acht Metern haben. Außerdem kann er doppelt so schwer werden wie der Gemeine Krake und bis zu 50 Kilogramm wiegen. Er ist also etwa so schwer wie ein großer, ausgewachsener Hund.

Meeresforscher haben im Polarmeer am Südpol einen Urzeit-Kraken entdeckt. Der Südpol heißt auch Antarktis. Der Urzeit-Krake soll schon vor 30 Millionen Jahren gelebt haben, daher gilt er als Vorfahre aller Krakenarten der Welt.

Ein unheimliches Meerestier ist auch der Riesenkalmar. Kalmare gibt es in vielen Größen und die kleineren landen manchmal als Leckerbissen auf der Speisekarte. Es soll Riesenkalmare geben, die bis zu 20 Meter lang sind und so viel wiegen wie zwei ausgewachsene Kühe. Wenn das kein Ungeheuer ist! Riesenkalmare sind auch Kopffüßer und werden oft mit den Kraken verwechselt. Doch der Riesenkalmar hat nicht acht, sondern zehn Fangarme. Auch sie haben Saugnäpfe. Zwei Fangarme sind länger als die restlichen acht. An der Küste im Nordwesten Spaniens ist im Jahre 2016 ein Riesenkalmar gesichtet worden. Durch Zufall hat ein Fotograf das Tier entdeckt und fotografiert. Der Kalmar soll etwa 105 Kilogramm schwer gewesen sein.

Der Riesenkalmar lebt ganz tief unten im Meer. Man sieht ihn nur selten und Forscher wissen noch nicht viel über ihn. Es gibt also noch jede Menge zu entdecken!

Einige Meeresforscher gehen sogar davon aus, dass es in den Tiefen der Ozeane noch Meerestiere gibt, die wir noch nie gesehen haben. Spannend, oder?

Das lustige Fangspiel „Krakenalarm!“ findet ihr als Download.

Bunte Seesterne

Zugegeben, Seesterne sehen nicht gerade aus wie schreckliche Meeresungeheuer. Allerdings gibt es einen riesigen Seestern, den Dornenkronenseestern. Er kann einen Durchmesser von über 60 cm haben. Das ist fast so groß wie das Steuerrad auf einem Schiff! Außerdem hat dieser Seestern fingerlange, spitze Stacheln auf seinen Fangarmen. Er hat eine bräunliche Farbe und seine Stacheln sind für Menschen sehr giftig. Diese Art lebt im Indischen und Pazifischen Ozean.

Seesterne gibt es schon seit vielen Millionen Jahren. Stellt euch vor: Sie sollen schon gelebt haben, als es noch nicht einmal Dinosaurier gab. Seesterne werden auch als Stachelhäuter bezeichnet. Einer der bekanntesten ist der Gewöhnliche Seestern, der auch Gemeiner Seestern genannt wird. Ihr habt ihn vielleicht schon einmal bei einem Strandspaziergang im Urlaub entdeckt. Er kommt häufig in der Nord- und Ostsee und im Atlantik vor. Normalerweise hat dieser Seestern fünf Arme, aber es gibt auch welche mit vier bis neun Tentakeln. An seiner Unterseite hat er kleine Saugfüßchen. Damit kann sich der Seestern festhalten und fortbewegen. Allerdings ist er ein sehr langsames Tier. Mit seinen Fangarmen kann der Gemeine Seestern sogar Muscheln öffnen. Das ist nämlich sein Lieblingsgericht. Der Seestern hat keinen Kopf und man kann nur schwer erkennen, wo vorne und hinten ist. Aber auf seiner Unterseite hat er in der Mitte eine Mundöffnung. Damit frisst er seine Beute. Den gewöhnlichen Seestern gibt es in den Farben Hellgelb, Orange oder Rot, aber auch Violett oder Blau. Wenn er getrocknet ist, sieht er gelblich aus.

Habt ihr schonmal vom Sonnenstern gehört? Das ist ein ganz besonderer Seestern. Er kann bis zu 14 Arme haben und sieht aus wie eine Sonne, daher sein Name. Er hat eine kräftige rot-orange Farbe.

Piratentuch

Wir brauchen:
ein weißes Baumwolltuch, z. B. Windelstoff oder ein Stück aus einem alten Kopfkissenbezug (etwa 80 x 80 cm groß), Kaltbatikfarbe mit Farbfixierer in eurer Lieblingsfarbe (gibt's im Bastelgeschäft), eine alte Plastikwanne oder einen Eimer, zwei alte Kochlöffel, 6 l warmes Wasser (etwa 40 Grad), Wollschnüre oder Bindfaden, eine Schere, einen Wäscheständer, ein Paar Gummihandschuhe

So wird's gemacht:
1. Am besten hilft ein erwachsener Seepirat beim Färben des Piratentuches. Bevor das Batiken losgeht, sollte das weiße Tuch frisch gewaschen sein. Aus der Wolle oder dem Bindfaden etwa 20 bis 25 cm lange Fäden schneiden.

2. Das Tuch ausbreiten. Eine Stelle aussuchen, den Stoff dort etwas hochheben und fest abbinden. So entsteht ein „Zipfel", der auch ein zweites Mal, z. B. ein paar Zentimeter weiter oben, abgebunden werden kann.
Je nach Wunsch das Tuch nun an mehreren Stellen abbinden. Die Stellen des Stoffes, die abgebunden sind, bleiben beim Färben weiß oder etwas heller. So entsteht ein schönes Muster.

3. Das warme Wasser in den Eimer oder die Wanne füllen und die Batikfarbe und den Fixierer zugeben. Dann das abgebundene Tuch zunächst mit Wasser anfeuchten.
So nimmt der Stoff die Farbe besser an.

Anschließend das Tuch in das Farbenwasser legen und hin und wieder mit einem Kochlöffel umrühren.

4. Nach etwa 45 bis 60 Minuten das Tuch mit beiden Kochlöffeln aus dem Farbbad nehmen. Unter kaltem Wasser gründlich ausspülen, bis sich keine Farbe mehr auswäscht. Mit einer kleinen Schere vorsichtig die Schnüre entfernen. Nun sind die weißen oder hellen Musterstellen im Piratentuch zu sehen. Den Stoff noch einmal gründlich auswaschen und trocknen lassen.

Einladungskarte „Kapitänshut“

Wir brauchen:
schwarzes Tonpapier, weißes Papier, Deckweiß oder einen weißen Buntstift, eine Schere, Klebstoff, einen Locher, Wollreste, eine Bastelunterlage

So wird’s gemacht:

1. Drei gleichgroße Hüte zuschneiden. Zwei aus schwarzem Tonpapier, einen aus weißem Papier. Am besten, ihr verwendet hierzu eine Vorlage.

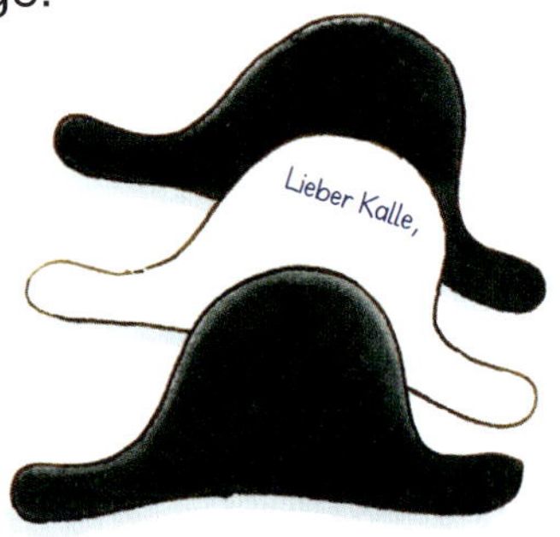

2. Auf die schwarzen Teile mit Deckweiß oder einem weißen Buntstift je einen Totenkopf oder zwei gekreuzte Knochen oder Säbel aufmalen. Das sind die Außenseiten des Hutes. Auf den weißen Hut den Einladungstext schreiben.

3. Oben in der Mitte der Hutteile je zwei Löcher mit dem Locher stanzen. Dann mit einem Wollfaden die drei Hutteile so zusammenbinden, dass die Einladungskarte aufklappbar ist. Und fertig ist die Einladungskarte für das Piratenfest!

Tipp
Wer möchte, kann seinen Hut noch mit einer großen, bunten Feder schmücken. Sie wird einfach seitlich an die obere Huthälfte geklebt.

Augenklappe

Wir brauchen:
ein Stück Pappkarton, schwarze Wasser- oder Plakafarbe oder einen schwarzen Filzstift, eine Schere, Hutgummi, einen Locher, einen Malkittel, eine Bastelunterlage

So wird’s gemacht:

1. Aus dem Pappkarton eine Augenklappe ausschneiden. Die schwarze Farbe mit nur wenig Wasser anrühren. Sie sollte nicht zu flüssig sein, damit die Augenklappe schön schwarz wird. Eine Seite mit schwarzer Farbe bemalen und trocknen lassen.

2. Mit dem Locher rechts und links ein Loch stanzen und den Hutgummi je nach Kopfgröße der Piraten befestigen. Nun die Augenklappe aufsetzen. Fertig!

Tipp

Eine Augenklappe kann auch ganz leicht mit einem schwarzen Schminkstift ums Auge gemalt werden.

Hakenhand

Wir brauchen:

festen Pappkarton, z. B. Karton eines Zeichenblocks, einen Plastikbecher (0,2 l), silbernen Acryllack, einen Pinsel, Klebstoff, eine Nagelschere, einen Malkittel, eine Bastelunterlage

So wird's gemacht:

1. Die Hakenhandvorlage auf den Pappkarton übertragen und ausschneiden.

2. Den Haken und den Becher mit der silbernen Farbe anmalen und trocknen lassen. Mit der Nagelschere in den Becherboden einen Schlitz einschneiden.

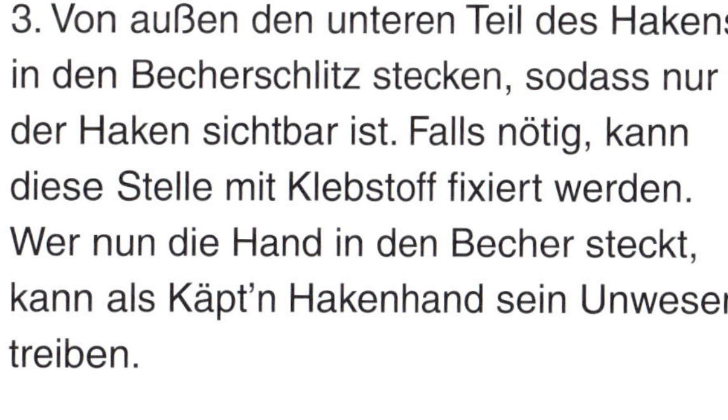

3. Von außen den unteren Teil des Hakens in den Becherschlitz stecken, sodass nur der Haken sichtbar ist. Falls nötig, kann diese Stelle mit Klebstoff fixiert werden. Wer nun die Hand in den Becher steckt, kann als Käpt'n Hakenhand sein Unwesen treiben.

Tipp

Aus Pappkarton könnt ihr auch ein Entermesser oder einen Krummsäbel selbst machen.

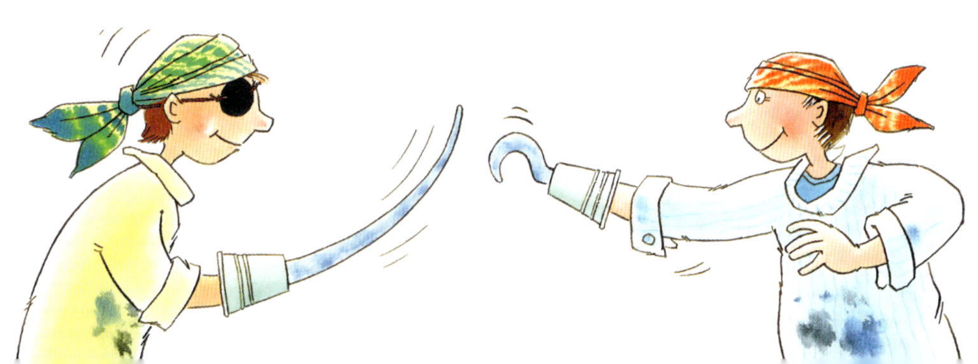

Schatzkarte

Wir brauchen:
ein Blatt Papier (DIN A3), einen nassen Teebeutel (Schwarzer Tee), einen Pinsel, Filz- oder Buntstifte, rotes Geschenkband, einen Malkittel, eine Bastelunterlage

So wird's gemacht:
1. Das Papier quer hinlegen. Mit dem feuchten Teebeutel über das Papier streichen. So bekommt die Karte später die richtige Schatzkartenfarbe. Wenn die erste Seite getrocknet ist, auch die Rückseite einfärben. Nach dem Trocknen die Ränder des Papiers ringsum abreißen, damit die Karte etwas verwittert aussieht.

2. Das Gelände auf die Karte zeichnen, in dem die Schatzsuche stattfinden soll. Ein paar wichtige Plätze aufmalen, wie z. B. die große Tanne, das Gebüsch, Schaukel auf dem Spielplatz usw. Den Schatz auf die Karte zeichnen darf derjenige, der ihn im Gelände versteckt und selbst nicht an der Suche teilnimmt.

3. Wenn die Karte ganz bemalt ist, wird sie einmal zusammengeknüllt und wieder glatt gestrichen. So sieht sie noch älter aus. Die Schatzkarte zusammenrollen und mit dem roten Geschenkband zubinden. Sobald der Schatz versteckt ist, kann die Suche beginnen!

Tipp
Als Schatz könnt ihr auch die selbst gemachte Kiste vom Spiel „Schatzsucher“ auf Seite 59 verstecken.

Schatzsucher

Wir brauchen:
einen mittelgroßen Karton, der oben offen ist, zum Füllen genügend Sand aus dem Sandkasten oder jede Menge Papierschnipsel, 2 Bögen Goldpapier, schwarzes Tonpapier, silberne Acryl- oder Plakafarbe, eine Schere, Paketklebeband, Tapetenkleister, Kraftkleber, Pinsel, je nach Anzahl der mitspielenden Schatzsucher zwischen 10 und 40 Bonbons, Gummibärchen-Tütchen oder Goldtaler, einen Würfel, Material zum Verzieren, z. B. Muscheln

So wird's gemacht:

1. Den Karton an den Knickstellen und offenen Stellen mit Paketklebeband abdichten, damit später beim Buddeln kein Sand herausrieselt. Nun die Seitenwände mit dem Goldpapier bekleben.

2. Aus dem schwarzen Tonpapier acht ovale Beschläge (22 cm x 8 cm) ausschneiden und jeweils oben und unten über Eck aufkleben.
Mit silberner Farbe Schrauben auf die Beschläge malen. Nach dem Trocknen die Schatzkiste von außen mit Muscheln verzieren. Das hält am besten mit Kraftkleber.

3. Nach dem Trocknen die Schatzkiste etwa zur Hälfte mit Sand oder Papierschnipseln füllen. Die „süßen Schätze“ wie Bonbons oder Gummibärchen werden in Goldpapier eingepackt. Ein Erwachsener verbuddelt dann die goldenen Schätze oder Goldtaler im Sand der Truhe.

4. Zwei oder mehr Kinder spielen mit und würfeln der Reihe nach. Wer eine Sechs würfelt, darf so viele Schätze aus der Kiste graben, wie er kann. Währenddessen würfeln die anderen Kinder weiter.

5. Wer die nächste Sechs würfelt, löst das Schatzsucherkind ab und darf nun selbst im Sand nach Schätzen graben. Das Spiel ist beendet, wenn alle Schätze gefunden wurden.

Tipp
Wenn am Ende des Spiels ein Schatzsucherkind keinen Schatz gefunden hat, macht es doch wie echte Piraten: Teilt den Schatz einfach auf!

Angelspiel

Wir brauchen:
Tonpapier in verschiedenen Farben, Kartonreste, Goldpapier, Büroklammern, vier Rundstäbe aus Holz oder Bambus (etwa 35 cm lang und 8 bis 10 mm stark), vier kleine Ring-, Haken- oder Ösenmagnete in 16 bis 20 mm Stärke (gibt es günstig im Eisenwarenhandel), vier 45 cm lange Paketschnüre, festes, buntes Klebeband, eine Schere, Kraftkleber, einen Zirkel

So wird's gemacht:

1. Auf dem bunten Tonpapier zwanzig Fische aufzeichnen und ausschneiden. An jeden Fisch eine Büroklammer heften.

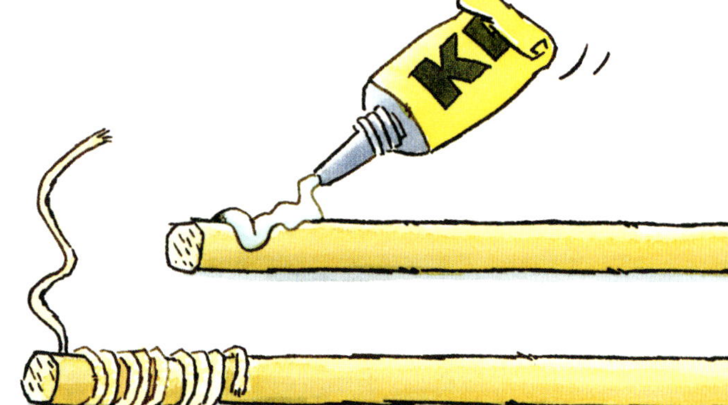

2. Für die Goldtaler zwanzig etwa 4 cm große Kreise aus Karton ausschneiden und auf beiden Seiten mit Goldpapier bekleben. Dann auch hier je eine Büroklammer befestigen.

3. Den Holzstab an einem Ende mit Kraftkleber bestreichen und mehrmals mit der Paketschnur umwickeln. Mit einem farbigen Klebeband das Ende noch einmal befestigen, damit die Angelschnur gut hält.

4. Zum Schluss den Magneten unten an die Schnur binden. Die drei anderen Angeln in der gleichen Weise anfertigen. Darauf achten, dass alle vier Angelschnüre gleich lang sind. Fertig ist das Angelspiel!

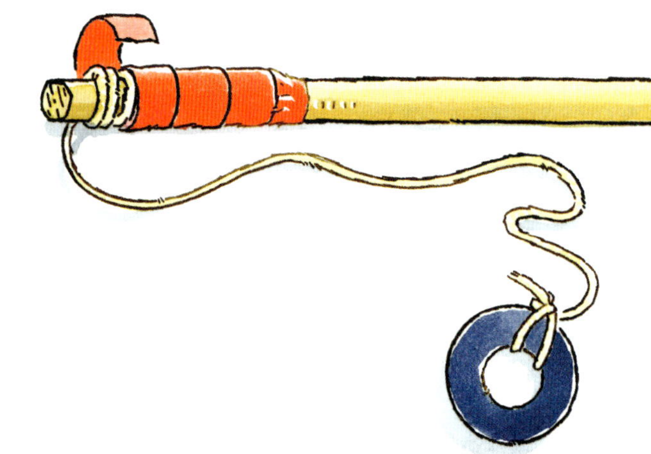

Schätze angeln

Wir brauchen:
das gebastelte Angelspiel von Seite 60, blaue Tücher oder blaue Müllsäcke (falls vorhanden), eine kleine Sanduhr, mindestens drei Kinder

So wird's gemacht:

1. Auf dem Boden mit den blauen Tüchern ein Meer gestalten. Das ist die Spielfläche. Anstelle der Tücher kann auch ein großer, blauer Müllbeutel aufgeschnitten und auf den Boden gelegt werden.

2. Je nachdem wie viele Piraten mitspielen, werden auf dem „Meer" die Goldtaler und Fische verteilt. Je weniger Kinder mitmachen, desto weniger Fische und Taler werden eingesetzt. Jeder Pirat erhält eine Angel. Ein Kind oder ein Erwachsener spielt den Kapitän. Der Kapitän angelt selbst nicht mit, sondern dreht die Sanduhr.

3. Das Spiel wird im Uhrzeigersinn gespielt. Der Kapitän beginnt mit einem Reim. Das Kind, das ausgezählt wird, fängt an.

4. Solange die Sanduhr läuft, angelt das erste Piratenkind so viele Fische und Taler, wie es kann. Ist die Sanduhr abgelaufen, dreht der Kapitän sie wieder um und das nächste Kind angelt. Das Spiel geht so lange, bis das Meer leer geangelt ist. Welcher Pirat hat am meisten herausgefischt?

Tipp
Für Piraten, die schon rechnen können, ist auch folgende Spielregel möglich: Für jeden Goldtaler gibt es zwei Punkte und für jeden Fisch einen Punkt. Wer am Ende die meisten Punkte hat, hat gewonnen.

Abzählreim:
Bärenstarker Seepirat
geht auf große Segelfahrt,
segelt weit ins Meer hinaus
und du bist raus.

Käpt'n Rotbarts Seeräuberspieße

Wir brauchen (für vier bis fünf Spieße):
400 g Seelachsfilet, 10 bis 12 Cocktailtomaten, 100 g frische Champignons (nicht zu groß) oder ganze Champignons aus der Dose, eine kleine Dose Ananasstücke, Schaschlikspieße, Salz und Pfeffer, eine Zitrone

So wird's gemacht:

1. Die Fischfilets und die Tomaten mit kaltem Wasser waschen und mit Küchenpapier abtrocknen. Die frischen Champignons mit einem Messer putzen oder die Champignons aus der Dose in einem Sieb abtropfen lassen. Die Ananasstücke ebenso in ein Sieb abgießen.

2. Den Fisch in mundgerechte Stücke schneiden. Dann abwechselnd Fisch, Tomaten, Ananasstücke und Champignons auf die Schaschlikspieße stecken.

3. Den Grill im Backofen einschalten und die Piratenspieße auf einem Rost mittig in den Backofen schieben. Bei 180 Grad etwa 5 bis 8 Minuten grillen und die Spieße ab und zu wenden. Erst danach mit Salz und Pfeffer würzen. Zum Piratenessen die Zitrone in Scheiben schneiden und den Saft über die Spieße träufeln lassen.

Tipp

Je nach Geschmack können auch Stücke von roter oder gelber Paprika, Auberginen oder Zucchini auf die Spieße gesteckt werden. Falls ihr ein Piratenfest im Freien macht, können die Erwachsenen die Spieße grillen.
Zu den Piratenspießen passen gut Weißbrot und frischer Salat.
Wer keinen Fisch isst, kann die Spieße natürlich auch nur mit Gemüse zubereiten.

Seeungeheuer

Wir brauchen:
ein halbes Baguettebrot, fünf Cocktailtomaten, zwei bis drei Scheiben Käse (z. B. Gouda) oder Schinken, eine Salatgurke, ein hart gekochtes Ei, Butter oder Margarine oder Remoulade, vier schwarze Pfefferkörner, große Petersilien- oder Sellerieblätter mit Stiel, Zahnstocher

So wird's gemacht:

1. Den hinteren Teil des Baguettes abschneiden und zur Seite legen. Das Brot zunächst in der Länge halbieren und dann in fünf gleich große Stücke schneiden. Jedes Brotstück besteht jetzt aus einem Unterteil und einem Deckel.

2. Die fünf Brothälften mit Butter, Margarine oder Remoulade bestreichen. Den Käse oder Schinken so aufteilen, dass jede Unterseite damit belegt wird. Dann vier Cocktailtomaten in Scheiben schneiden und den Käse oder Schinken damit belegen. Die beiden Brothälften zusammenklappen und aus den einzelnen Brotteilen den Körper des Seeungeheuers legen.

3. Für den Kopf und den Schwanz die Gurkenenden abschneiden, jeweils ca. 15 cm lang. Das hintere Ende als Schwanz hinten an den Körper des Seeungeheuers legen. Das vordere Ende wird der Kopf. In den Kopf rechts und links ein Loch stechen und je ein Petersilien- oder Sellerieblatt mit dem Stiel einstecken. Das werden die Ohren des Ungeheuers.

4. Für die Augen das Ei in der Mitte quer aufschneiden und das Eigelb entfernen. Eine Cocktailtomate teilen und mit dem Zahnstocher je eine Eiweißhälfte mit einer Tomatenhälfte zusammenstecken und am Kopf befestigen. Je zwei kleine Löcher in die Tomaten schneiden und die Pfefferkörner als Pupillen eindrücken. Die beiden anderen Pfefferkörner werden die Nasenlöcher.

5. Die restliche Gurke in Scheiben schneiden und vierteln. Die Oberseiten von Kopf, Körper und Schwanz, also Brötchenteile und Gurke, vorsichtig einschneiden und die Gurkenteile als Drachenzacken einstecken. Guten Appetit!

Jennys Seeräubertrunk

Wir brauchen (für vier bis fünf Gläser):
5 – 7 TL Kakaopulver (probiert hier echtes Kakaopulver, es ist dunkler und schmeckt viel mehr nach Kakao als das Instantpulver), 1 l Milch, 6 – 8 TL Zucker oder Honig (nur bei echtem Kakaopulver), Schokoladen- oder Vanilleeis, 1 Orange, hohe Trinkgläser, Zimtpulver, einen Eisportionierer, einen Schneebesen, Trinkhalme, langstielige Löffel

So wird's gemacht:

1. Das Kakaopulver in eine Tasse geben und mit etwas Milch, dem Zucker und einer Messerspitze Zimt glatt rühren. Die Milch in einen Topf geben und zum Kochen bringen.

2. Die Milch von der Herdplatte nehmen und das Kakaogemisch mit dem Schneebesen einrühren. Den Herd ausschalten! Das Kakaogetränk zunächst im Topf abkühlen lassen. Dann in einen Krug füllen und im Kühlschrank aufbewahren, bis der Kakao schön kalt ist.

3. Je eine Kugel Vanille- oder Schokoladeneis in die Trinkgläser füllen und mit dem gekühlten Kakaogetränk übergießen. Die Orange in Scheiben schneiden und jeweils eine Scheibe an den Glasrand stecken. Zum Schluss noch etwas Kakaopulver über das Getränk streuen.

Tipp
Ein Klecks frisch geschlagene Sahne auf dem Piratentrunk sieht schön aus und schmeckt lecker!
Wer keine Milch trinkt, kann den Seeräubertrunk auch mit Wasser, Hafermilch oder Reismilch zubereiten.

Karibischer Früchtetraum

Wir brauchen (für vier bis fünf Gläser):
500 g frische, exotische Früchte wie Mango oder Melone (falls diese nicht erhältlich sind, ist auch Tiefkühlobst möglich), 1 Banane, 250 g Speisequark, 1 Becher Schlagsahne, 4 – 5 EL Kokosraspel, Agavendicksaft oder Honig, Schüssel, Kochlöffel, Handrührgerät, 4 – 5 niedrige Trinkgläser oder Marmeladengläser als Dessertschalen

So wird's gemacht:

1. Das Obst schälen, die Kerne entfernen und in kleine Stücke schneiden. Alternativ das Tiefkühlobst auftauen lassen.

2. Den Quark in eine Schüssel geben. Die Sahne steif schlagen und unter den Speisequark heben.

3. Zwei bis drei Esslöffel Kokosraspel unter die Masse heben und je nach Geschmack mit Agavendicksaft oder Honig süßen.

4. Den Boden eines Trinkglases mit Obst befüllen, eine Schicht Quarksahne drüber geben. Abwechselnd mit Obst und der Masse schichten. Die letzte Schicht sollte Obst sein. Zum Schluss Kokosraspel über das Dessert streuen. Guten Appetit!

Vegane Alternative

Wir brauchen (für vier bis fünf Gläser):
400 – 500 g frische, exotische Früchte wie Mango oder Melone (falls diese nicht erhältlich sind, ist auch Tiefkühlobst möglich), 1 Banane, 500 – 550 ml Hafermilch, 200 g Vollkornreis, 1 gestrichener TL gemahlene Vanille oder Vanillearoma, 4 – 5 EL Kokosraspel, Agavendicksaft, Schüssel, Kochlöffel, Topf, 4 – 5 niedrige Trinkgläser oder Marmeladengläser als Dessertschalen

So wird's gemacht:

1. Die Hafermilch, die Vanille und den Reis in einem Kochtopf aufkochen, etwa 65 Minuten bei kleiner Hitze köcheln lassen. Hin und wieder umrühren.

2. Das Obst schälen, die Kerne entfernen und in Stücke schneiden. Alternativ das Tiefkühlobst auftauen lassen.

3. Zwei bis drei Esslöffel Kokosraspel unter den Milchreis heben und je nach Geschmack mit Agavendicksaft oder Honig süßen.

4. Den Boden eines Trinkglases mit Obst befüllen, eine Schicht Milchreis drüber geben. Abwechselnd mit Obst und Milchreis schichten. Die letzte Schicht sollte Obst sein. Zum Schluss Kokosraspel über das Dessert streuen. Guten Appetit!

Kleines Piratenlexikon

Achterdeck: das Deck am hinteren Teil des Schiffes

Ausguck: das Krähennest, der Mastkorb

Backbord: die linke Schiffsseite in Fahrtrichtung

Bootsmann: der Seemann, der sich um den Bereich an Deck kümmert

Buddelschiff: ein kleines Schiff in der Flasche; Buddel ist eine andere Bezeichnung für Flasche

Bug: der vordere Teil des Schiffes

Bugspriet: ein Rundholz, an dem ein Segel befestigt ist, und das über den Bug hinausragt

Bullauge: ein rundes Schiffsfenster

Deck: die Schiffsoberfläche (Haupt- oder Oberdeck), sowie die Zwischenböden (Zwischendecks) unterhalb des Hauptdecks

Entermesser: ein kurzes Schwert oder ein Dolch mit gebogener Klinge

Entern: ein Schiff überfallen und erobern

Freibeuter: eine weitere Bezeichnung für Pirat

Galeere: ein schnelles, wendiges Ruder- und Segelschiff

Galeone: ein großes Kriegs- oder Handelsschiff mit Segeln

Galionsfigur: eine schön geschnitzte und bemalte Holzfigur am Vorderteil des Schiffes

Heck: der hintere Teil eines Schiffes

Horizont: die „Linie“ zwischen Himmel und Erde, die man in der Ferne sehen kann

Jolly Roger: so wurden die Piratenflaggen genannt

Kajüte: ein Schlaf- und Wohnraum an Bord eines Schiffes

Kapern: ein Schiff und dessen Ladung erbeuten und ausplündern

Kiel: der unterste Teil des Schiffsrumpfes

Koje: ein schmales Bett auf dem Schiff

Kombüse: die Schiffsküche

Kompass: ein magnetisches Instrument zur Bestimmung der Himmelsrichtung

Krähennest: ein Ausguck oben am Mast

Lee: dem Wind abgewandte Seite

Logbuch: Schiffstagebuch, in dem alle wichtigen Ereignisse aufgeschrieben werden

Luv: dem Wind zugewandte Seite

Mastkorb: andere Bezeichnung für Ausguck oder Krähennest

Pinne: ein Hebel aus Eisen oder Holz, mit dem das Steuerruder bewegt wird, auch: Ruderpinne

Planken: die Holzbretter, mit denen das Deck und der Schiffsrumpf gebaut werden

Rah: eine runde Querstange aus Holz, an der die Segel hängen

Rumpf: der Schiffskörper ohne Segel, Takelage und Ruder

Seemeile: eine Seemeile sind 1,852 km

Skorbut: eine schwere Krankheit aufgrund von Mangel an Vitamin C

Smutje: der Schiffskoch

Steuerbord: die rechte Seite des Schiffes in Fahrtrichtung

Takelage: die Segeleinrichtung, also Masten, Seile, Segel und Taue eines Schiffes

Tau: ein dickes Seil

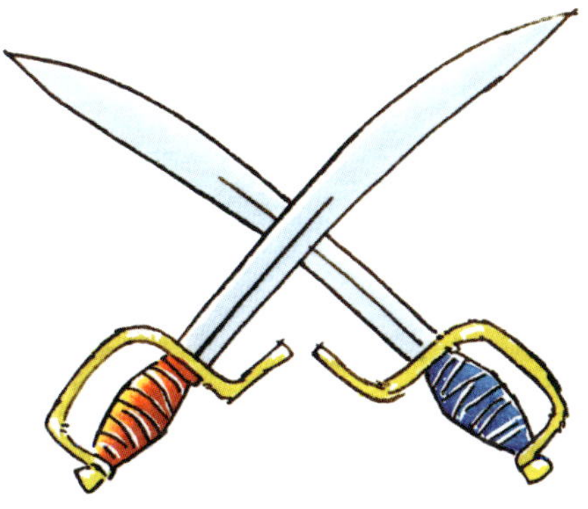

© Martin Glauner

Wilfried Gebhard studierte an der Grafischen Fachschule und der Staatlichen Akademie der Bildenden Künste in Stuttgart. Er arbeitete zunächst für nationale und internationale Werbeagenturen, bevor er zum Cartoon und zur Illustration kam.
Es folgten Veröffentlichungen in zahlreichen Magazinen und Zeitschriften, Cartoonbüchern und Arbeiten fürs Kinderfernsehen. Seit 1992 gestaltet Wilfried Gebhard erfolgreich Kinderbücher für verschiedene Verlage.

Klaus-Peter Wolf, geboren 1954, lebt als freier Schriftsteller und Drehbuchautor in Norden (Ostfriesland). Klaus-Peter Wolf hat unzählige Kinderbücher verfasst und gilt als leidenschaftlicher Geschichtenerzähler. Die 13-teilige ARD-Kinderserie „Drei tolle Nullen“ stammt aus seiner Feder. Zudem schrieb er viele Romane und Spielfilme für Erwachsene, u. a. für die ARD-Reihe „Tatort“. Gemeinsam mit Bettina Göschl ist er Autor vieler Bücher und CDs, u. a. „Ritterfest und Drachentanz“, „Adventsgeflüster und Weihnachtszauber“ sowie „Die Nordseedetektive“. Klaus-Peter Wolf erhielt zahlreiche Auszeichnungen im In- und Ausland, darunter den **Erich-Kästner-Preis** und den **Anne-Frank-Preis**. Seine Bücher wurden in 24 Sprachen übersetzt und über 11 Millionen Mal verkauft.
www.klauspeterwolf.de

Bettina Göschl, geboren 1967, ist staatlich geprüfte Erzieherin und war elf Jahre im Kindergarten und in der Heilpädagogik als Gruppenleiterin tätig. Neben musikalischer Früherziehung unterrichtete sie sechs Jahre lang an Förderschulen allgemein- und sprachentwicklungsverzögerte Kinder im Vorschulalter. Ihre Lieder sind für die Sendung „SingAlarm“ (KiKA) verfilmt worden. Mit ihrer Gitarre ist sie im „Tigerentenclub“ (ARD) aufgetreten und mit dem Schriftsteller Klaus-Peter Wolf schreibt sie Drehbücher für die Sendungen „Siebenstein“ und „Löwenzahn“ (ZDF). Ihre „Löwenzahn“-Folge „Schlangen – Geheimnisvolle Verstecke“ wurde auf dem Filmfestival „NaturVision“ 2008 als **Bester Film im Kinderfernsehen** und mit dem **Publikumspreis** ausgezeichnet sowie für das „6. Istanbul International Children's FilmFestival“ nominiert.
Bettina Göschl lebt als freie Liedermacherin und Autorin an der Nordsee.
www.bettinagoeschl.de

HörErlebnisse und Bücher von Bettina Göschl und Klaus-Peter Wolf

CD • ISBN 978-3-8337-2084-0

Buch • ISBN 978-3-8337-3759-6

Buch • ISBN 978-3-8337-3382-6

CD • ISBN 978-3-8337-1129-9

CD • ISBN 978-3-8337-2272-1

CD • ISBN 978-3-8337-3408-3

Buch • ISBN 978-3-8337-2691-0

Buch • ISBN 978-3-8337-2150-2

Buch • ISBN 978-3-8337-1623-2
CD • ISBN 978-3-8337-1385-9

www.jumboverlag.de